SOUVENIRS

DE LA MARQUISE

DE CRÉQUY

PARIS. — IMPRIMERIE F. LEVÉ, RUE CASSETTE, 17.

SOUVENIRS

DE LA MARQUISE

DE CRÉQUY

DE 1710 A 1803

NOUVELLE ÉDITION REVUE, CORRIGÉE ET AUGMENTÉE

TOME DIXIÈME

PARIS
GARNIER FRÈRES, LIBRAIRES-ÉDITEURS
6, RUE DES SAINTS-PÈRES, 6

A

S. A. S.

M. le D. de P. (1),

MONSEIGNEUR,

C'est uniquement pour vous et pour Monsieur votre fils que j'avais entrepris et que j'ai surveillé l'exécution de ce long travail, auquel j'ai cru devoir ajouter des notes explicatives. Quand on a des faveurs à distribuer et des bienfaits journaliers à répandre ; quand il est question de nommer à certains emplois dans une maison princière,

---

(1) Ce manuscrit a été retrouvé parmi les papiers du Duc de Penthièvre, inventoriés par la municipalité des Andelys après la mort de ce Prince et la saisie de son mobilier, en 1793.

(*Note de l'Éditeur.*)

et surtout quand on se trouve obligé de conférer des bénéfices ecclésiastiques (sans parler ici de toutes les sollicitations qui viennent aboutir naturellement aux Princes du Sang pour décider ou faciliter des mariages), il est bon de savoir à quoi s'en tenir exactement sur la noblesse des familles, aussi bien que sur les prétentions des solliciteurs. Voilà pourquoi j'ose espérer que les documens que j'ai rassemblés pourront devenir pour vous, en certains cas, d'une utilité pratique.

Ce travail n'est pas établi sur des notices *intéressées*, c'est-à-dire sur des communications faites ou dirigées par les familles qu'il pourrait intéresser directement ; vous verrez bien aisément qu'il n'a pas été puisé non plus dans les articles des dictionnaires généalogiques, et je n'ai pas manqué d'y contrôler certaines assertions du feu Duc de Saint-Simon, dont j'ai lu les manuscrits et dont j'ai pu vérifier l'injustice acrimonieuse et l'infidélité malveillante.

Il a été fourni par cinquante années de lectures et d'observations attentives, et de plus il est fondé sur les notes, les extraits, les recherches et les vérifications d'un ancien archiviste de la couronne et d'un savant paléographe, hommes consciencieux, qui s'étaient occupés d'en réunir et d'en classer les principaux élémens.

Cet ouvrage est rigoureusement équitable, mais il est si loin d'avoir été conçu dans un esprit de dénigrement, que la plupart de ces mêmes familles y trouveraient souvent, sur l'origine et les illustrations de leurs ancêtres, une foule de notions qui n'ont pas été conservées dans leurs traditions, et dont il n'est fait mention dans aucune des généalogies qui les concernent et qu'elles ont fait imprimer.

Il ne s'ensuit pas que certaines familles ne puissent faire remonter les preuves de leur noblesse au-dessus de la date qui leur est assignée sur le premier de ces tableaux. On peut retrouver des titres ignorés ; on peut déchiffrer des rescrits obscurs, et l'on peut se faire jour à travers des chartes mal expliquées. Vous pensez bien qu'un *Alt-Ber*, ou *Haut-Baron* du temps de Saint Louis, devait avoir eu des ancêtres. On n'était pas seulement fils de ses œuvres au XIIe siècle ; et, du reste, on peut juger par les qualifications qui s'appliquent aux personnages contractans, qualifications que j'ai toujours eu soin de faire mentionner, on peut décider quelle était déjà la situation nobiliaire du premier ancêtre avéré de chaque filiation prouvée par titres. On n'a voulu désigner sur le premier tableau qu'une date certaine et précisément fixée par celle d'un acte filiatif. Les illustrations seigneuriales, ecclésiastiques, auliques ou militaires ont été registrées avec la même exactitude, avec sollicitude, on pourrait dire, et elles se trouveront détaillées dans les chapitres suivans.

Il n'est pas besoin de parler ici de l'attachement respectueux ni des sentimens dévoués que je porte à votre Altesse Sérénissime.

ÉTAT
DES PRINCIPALES FAMILLES DE FRANCE;

EN SIX TABLEAUX,

LE PREMIER, PAR ORDRE D'ANCIENNETÉ,

LE DERNIER, PAR ORDRE D'ILLUSTRATION.

PREMIER TABLEAU.

LISTE

DES PLUS ANCIENNES MAISONS DU ROYAUME,

Suivant l'ordre de leur ancienneté prouvée par titres, sans qu'il existe de lacunes ou d'incertitude entre chaques filiations vérifiées.

FRANCE-BOURBON ET BRAGANCE.

La Maison de France remonte incontestablement à ROBERT de FRANCE surnommé LE FORT, Duc et Marquis de France et de Neustrie, Comte de Paris, de Nevers, de Chartres, d'Orléans, du Maine et d'Anjou, lequel avait épousé, vers l'année 834, Adelaïs, fille aînée de l'Empereur Louis-le-Débonnaire, et lequel avait souscrit, en l'an 776, deux chartes oblatives qui sont conservées au trésor de Saint-Remy de Reims. On ne saurait douter que le Duc Robert ne fût un prince de la race Salique et de la lignée Mérovingienne; mais il ne s'agit pas ici de tracer l'ascendance et la filiation de Robert-le-Fort, bisaïeul de Hugues-Capet. Le présent tableau n'a pour objet que d'indiquer sommairement et précisément l'époque ou la date du premier document diplomatique qui se rapporte à chaque *ancienne famille,* c'est-à-dire à chaque famille dont on ne connaît pas l'origine et dont la noblesse est antérieure à l'an 1400.

ROHAN.

La maison de ROHAN-ROHAN s'élève en antiquité jusqu'à l'année 897, avec commémoration d'un ancêtre et prédécesseur direct, en 846. Son origine souveraine a été constatée par six arrêts judiciaires, ainsi toutes les chicaneries contenues dans les mémoires de Saint-Simon sont aussi dépourvues de raison que d'autorité.

NARBONNE.

La maison de NARBONNE-PELET d'ALAIS et MELGOEIL remonte, par titres authentiques et sans lacunes, à l'an 910. Son origine est établie par deux vérifications et trois arrêts de cours souveraines.

SAVOYE-SOISSONS et FAUCIGNY.

Les deux maisons de SAVOYE-SOISSONS-CARIGNAN et de FAUCIGNY-LUCINGE peuvent remonter à l'année 940. Les premiers auteurs de ces deux grandes races se trouvent mentionnés dans une même charte scellée le 4ᵉ jour des ides d'octobre, en 967.

LORRAINE.

La maison de Lorraine et ses quatre rameaux puînés (du CHATELET, de LENONCOUR, de LIGNÉVILLE et d'HARAUCOURT) proviennent également d'un Seigneur austrasien nommé Ghérard, qui mourut en l'année 1046 et dont on n'a jamais pu vérifier l'ascendance. On ne connait du même Ghérard qu'un acte scellé en 982. Ce fut son petit-fils qui fut créé Duc de Lorraine par diplôme de l'Empereur Henri-le-Noir, en 1048 (1).

(1) On appelle assez improprement ces quatre familles les *Grands-Chevaux de Lorraine*; et voici quelques vers de Jean Perrin qui peuvent donner la clef de cette appellation vulgaire :

>   Chastellet et Lenoncourt,
>   Lignéville et Haraucourt,
>   Quy chasqu'ung l'aultre équyvalle
>   En seigneurie capitalle,
>   Sont tenuts suffyzamment
>   Pour extraicts anticquement
>   De uostre race ducalle ;
>   D'où vient quy sont appelliez
>   Grands chevalz, ou chevalliers
>   De noblesse sanz égalle, etc.

La Maison de BRIENNE (représentée par son rameau de CONFLANS d'ARMENTIÈRES) remonte à l'an 982, avec le titre de *Comes, miseratione divinâ* (1).

La Maison de POLIGNAC-POLIGNAC, arrive à l'année 984 avec la qualification de *Vice-Comes, Deo favente.*

Celles de CRÉQUY, à l'an 984.

De MAILLY de NESLE et d'HAUCOURT, à l'an 987.

De BEAUVAU-CRAON, à l'année 986 par induction, d'un acte de 1017.

De PONS-MIRAMBEAU-ROCHEFORT, avec la qualité de *Magnus et Potens vir*, en l'année 992.

De SABRAN, remonte à l'an 995, avec citation d'un aïeul paternel qui devait exister vers l'an 910.

De ROCHECHOUART-MORTEMART et FAUDOAS-BARBAZAN, à l'année 996.

De HARCOURT-HARCOURT, à l'année 997, par un acte de 1024.

De LUZIGNAN, 1011,
De la ROCHEFOUCAULD, 1011,
} dans le même acte, avec citation de leur aïeul commun.

De la TOUR d'AUVERGNE-TURENNE-BOUILLON et de la TOUR d'APCHIER, 1014 (2).

---

(1) Il en subsiste encore un rameau dans les Pays-Bas qui porte le nom de BRIENEN, et qui est issu d'Érard de Brienne, Sire de Rameru, en 1267, par Thierry, Châtelain de Brienen en Gueldres, lequel avait épousé Marie de Lynden, en 1336, et desquels sont provenues les trois branches de Brienen-Guesselt, de Grootelindt, et de Loëwendaël, encore existantes.

(*Note de l'Éditeur.*)

(2) On dit aussi LA TOUR et TAXIS, mais les preuves n'en ont pas été produites en France. (*Note de l'Auteur.*)

Les Maisons

De Vienne-Listenois-Chateuvieulx, 1016, avec les titres de *Serenus vir* et de *Potens Dominus*.

Chabot de Jarnac et de Rohan, 1018 (1).

De Montmorency, 1028, avec la qualité de *Dominus*, et avec mention d'un acte antérieur, mais où la qualification seigneuriale et le nom de Montmorency ne se trouvent pas encore employés.

De Melun (*vice-Comes Regis*), en 1029.

De Bauffremont, 1054, qualif. *Dominus Dei gratiâ*, en 1069.

D'Estaing, 1057, avec la qualité d'*Alt-Beer*, ou *Haut-Baron* (2).

(1) Il n'existe plus en France que dix anciennes maisons dont le nom primitif et patronymique ne soit pas indicatif de la possession d'un domaine seigneurial. Il est à remarquer que ce sont des familles de la plus haute noblesse et que celle de Chabot a toujours été la première entre elles, à tous égards. Clérambaut pensait que le nom de *Chabot* pouvait être originairement provenu d'un prénom baptismal dans lequel on se serait opiniâtré pendant plusieurs générations consécutives. Le Bienheureux *Kaboldus* ou *Chabaldus* était un saint Chorévêque qui fut martyrisé par les Sarrasins du temps de Charles-Martel, et ce nom d'une latinité barbare, a tellement d'analogie avec le nom de Chabot, que celui-ci doit en être la traduction pictavine. Je parlerai plus loin des *Bérenger*, des *Turpin*, des *Goyon*, des *Adhémar*, des *Gouffier* et des *Malet*, qui ne veulent jamais, encore aujourd'hui, se laisser appliquer la particule *de* quand il est question d'un acte officiel ou judiciaire. — Le *Bouteillier* de Senlis, Le *Veneur* de Normandie, Le *Sénéchal* de Bretagne, et Le *Forestier* de Penthièvre ne sont que des noms de charges héréditaires, ainsi que pour les *Stuart* d'Écosse et les *Visconti* de Milan.

(*Note de l'Auteur.*)

(2) On appelle encore à présent *fiefs de haubert* les grands

Les Maisons

De Coucy, 1059 (*Dominus et Miles*).
De Comminges, 1057, avec le titre de *Captal* (1).
De Choiseul, 1057, avec la qualification d'*Ault-Ber* ou *Haut-Baron*.
De Maillé (*Banneret*), 1059, par induction d'une charte postérieure (2).

domaines seigneuriaux qui sont restés pourvus de la juridiction suzeraine et des autres droits de haut-baronnage.

Les chefs de la Maison d'Auxy-le-Châtel, rameau puîné des Mailly, avaient conservé leur ancien titre de Sire et Ber d'Auxy, jusqu'à leur extinction vers la fin du XV° siècle. (*Voyez* leur généalogie dans le Père Anselme.)

(1) Ancienne qualification féodale équivalente à celle de vicomte, mais qui n'était usitée que dans la Septimanie. Elle s'était conservée dans la maison de Foix, entée sur celle de Grailly, et je me rappelle que le second fils du dernier Duc de Foix portait encore le titre de Captal de Buch. (*Note de l'Aut.*)

(2) Il est bon de faire observer, d'après Dutillet, Laroque et F. Ragneau, que la qualité de *Chevalier Banneret* ne pouvait être possédée que par les plus grands seigneurs du royaume, et qu'avant de laisser *déployer bannière*, on ne manquait jamais de commettre des hérauts d'armes pour aller vérifier, *de par le Roi*, si le Baron prétendant pouvait se faire *soubs-tenir à l'ost* par vingt-quatre Chevaliers, qui devaient être ses vassaux, et qui devaient être soutenus chacun par un Sergent-d'Armes et par un Écuyer, sans parler ici des hommes de *bataille*, tels que les lanciers, archers, arbalétriers, etc., dont vingt-cinq devaient toujours rester commis à la garde de la bannière, laquelle était de forme carrée, *comme celle du Roi*.

L'ordre de Banneret est plus que Chevalier,
Comme à prets Chevalier, arrive Bachelier,
Puis à prets Bachelier, Écuyer, de maniere
Qu'à prets le Duc ou Roy, vient Seigneur à bannière. »
(*Le Moyne de Caen.*)

Les Maisons

De Chalons d'Orange, de Château-Chalons, de Salins et d'Attilly, 1042 (*Princeps*).

De Levis-Mirepoix, Lautrec, Lomagne et Ventadour, 1043 (*Dominus et Castellanus*).

De Bourdeilles, 1044 (*Vice Dominus* ou *Vidame*).

De Froulay-Téssé-Beaumanoir et Lavardin, 1065 (*Dominus*).

De Chatillon-Chatillon, 1076 (*Noble Beer*).

De Clermont-Clermont, 1080 (*Comes*).

De Montaynard, 1085, avec la qualité de *Mestral* (1).

D'Ornano de Cinarca, de Cistrie et de Montlaur, 1086, par citation dans une bulle de 1199, où l'on voit pour ancêtre direct un Comte de Corse.

De Clermont de Mont-Saint-Jean, de Tonnerre, de Montoison et de Thoury, 1096.

De Clermont d'Amboise et de Gallerande, 1098 (*Eques*).

De Bruyères-Chalabre, 1098 (*Dom. Castellanus*).

De Mathefélon de la Tour d'Oncieulx, 1098 (*Domicellus*).

De Saulx-Tavannes, 1098, avec le titre de *Cuens*, ou *Comte*.

De la Trémoille de Tarente, de Talmont, d'Olonne et de Noirmoutier, 1099.

---

(1) Qualification très-ancienne au *royaume d'Arles*, et qu'on retrouve surtout en Dauphiné du temps des Dauphins de la première race, ou de la maison d'Albon. Je pense qu'elle devait être analogue à celle de Magistrat féodal héréditaire, ou Seigneur haut-justicier. Il est singulier que Chorier et Salvaing de Boissieu n'en parlent pas. Chorier écrit ou traduit toujours *Seigneur* pour *Mestral*, mais on trouve souvent ces deux titres appliqués très-distinctement sur une même personne et dans un même acte.

Les Maisons

De Beauvoir-Grimoard du Roure, 1100 (*Miles*)

De Gélas de Voysins d'Ambres, 1100 (*Miles*).

D'Arpajon, de Séverac et de Lévezoulx de Vesins, 1110.

De Rieux, 1112, avec la qualité de *Seigneur du sang* (ducal).

De Coëtivy, 1112, et dans la charte ci-dessus (*Dominus Juvenior*) (1).

De Villeneuve de Trans, de Vence, etc., 1114 (*Eques*)

Gouffier de Bonnivet de Roannais, d'Heilly, 1114.

De Montmorillon dit Quatrebarbes, 1115 (*Donzel*).

De Blacas d'Aulps (des Princes de Baux), 1115.

Du Puy de Montbrun, 1116 (*Bachelor ez arms*).

De Xaintrailles, 1119 (*Seign. Patron*) (2).

De Nérestang, 1119, avec le titre d'*Alfier Pontifical*.

De Castellane, 1119 (*Comte et Sénéchal de l'Empereur au Royaume d'Arles.*

Turpin de Crissé, 1120 (*Banneret*) avec citation de l'aïeul, vers l'an 1040.

---

(1) Seigneur-Juveigneur, Gentilhomme-Agnat d'un Seigneur er.

L'aîné d'une branche cadette apanagée par une maison seigneuriale.

L'héritier de plusieurs domaines ou terres nobles, *en expectative*.

(2) Seigneur ayant la nomination d'un Recteur ou Curé de paroisse, à titre d'héritier ou successeur du premier Seigneur et fondateur de la manse presbytérale.

Les Maisons

Goyon - Matignon - Grimaldi - Monaco - Valentinois, 1129 (*Dominus*).

De Boufflers, 1133 (*Dominus*).

De Chabannes de Chabannais, de la Palice et de Curton, 1138 (*Dom.*).

Bérenger de Sassenage, 1146, qualifié *Mestral Delphinal*.

De Béthune - Hesdigneul, Sully, Charost, 1146 (*Noble Behrr*).

D'Aubusson (on ne sait trop si ceux d'aujourd'hui sont directement issus des plus anciens).

De Menou de Boussay, du Mée, etc., 1146 (*Dom. patronus*).

De Virieu, 1146, avec citation d'un acte de l'an 1087 (*Dominus*).

De Gontaut-Biron et d'Hautefort-Surville, 1146 (*Dom.*).

O'Bryen (des Princes de Thomond), 1147, avec mémoration des années 1024 et 960.

De Scey-Montbelliard, 1150 (*Banneret*).

De Peyrusse de Carency d'Escars, ou plutôt des Cars, 1152 (*Dom.*).

D'Agoult, 1157,
De Pontevès, 1157,
De Simiane, 1157,
D'Ancézune, 1157,
De Grasse, 1157,
} dans une même charte (*Nobles garants*).

Des Porcellets, 1160, par interprétation d'un acte de 1219.

De Lamark (des Princes de Ligne et Ducs d'Aremberg), 1161 (*Sire et Ber*).

Les Maisons

De Narbonne-Lara, 1162 (qualif. *Vice Comes et Custo. Episcopalis*).

De Caumont-Castelnau-la-Force et Lauzun, 1164.

De Calvimont, 1164, et même origine présumée.

De Lannoy (des Princes de Sulmone), 1165 (*Magnus Venator Comitis*).

De Tournon (les branches légitimes en sont éteintes).

De Glandevès, 1165, par induction d'une décrétale en 1289.

De Montlezun-Pardiac, 1166 (*Miles Advocatus*) (1).

De Nugent (des Comtes de Westmeath originairement Lords de Delvin), 1166.

De Bossut de Chimay d'Hénin-Liétard, 1166 (*Liber Dom.*).

De Valbelle, 1166 (qualifié *Domicellus*).

D'Escoubleau de Sourdis de Montluc d'Alluye, 1166 (*Dom.*).

De Gand-Vilain XIV, de Masmines et d'Ysenghuyen, 1166 (*Dom. Castellanus*) (2).

De Vintimille de Marseille du Luc, 1171 (*Comte*).

De Mauléon, 1171, avec le titre de *Captal*.

D'Esparbès de Lussan - Bouchard d'Aubeterre, 1172.

---

(1) *Chevalier protecteur* d'une Église Cathédrale et d'un Chapitre, ou d'une Abbaye. C'est l'origine des Vidames épiscopaux et des Chanoine laïcs. (*Note de l'Auteur.*)

(2) Leur nom provient de ce qu'ils avaient eu quatorze Châtelains de Gand, dont le nom de baptême avait été *Villiarus*. Le Prince de Masmines et le Maréchal d'Ysenghuyen m'ont toujours dit que ce rameau flamand qui ne porte que le nom de Vilain XIV, était provenu de bâtardise. (*Note de l'Auteur.*)

Les Maisons

De Brancas - Villars, Céreste et Lauraguais, 1172 (*Comes in Apulia*).

De La Baulme-Montrevel, 1172 (*Haut-Bert*).

De Lannion (des Vicomtes de Rennes), 1172.

De Montbourcher du Bordage, 1172, et dans la charte ci-dessus.

Hautpoul de Hautpoul, 1174 (*Miles*).

De Gramont (d'Aure), 1175, par citation d'actes subséquens (*Vicomte*).

De Caupenne, 1176.

De Clisson de Polhoet et de Kersanguez, 1176 (*Noble pleige*).

De Grammont (de Villers - Exel), 1178 (*Scutifer* ou *Porte-Écu*).

De Roncherolles de Pont-Saint-Pierre, 1178 (*Dom. Patro*).

De Raigecourt, 1179 (*Miles Urbis*).

Mallet de Graville, de la Jorrie et de Rocquefort, 1179 (*Baron*).

De Bayard-Montclar, 1179 (*Nobil. Alfier*).

De Montagut-Bouzols, 1182 (*Échanson du Roi*).

De Crouy et de Boulainvilliers, 1184 (1).

De Rougé - Derval du Plessix - Belliesre, 1185 (*Nobil. et Potens vir*).

(1) Ces deux anciennes maisons sont issues bien évidemment des premiers Sires de Pecquigny, Vi'ames d'Amiens, ainsi qu'il appert de cet acte de partage en la dite année 1184. Il paraît que la descendance d'un Roi de Hongrie n'a jamais été considérée par les Sires de Crouy comme une chose assurée, mais seulement comme une tradition *légendaire*.

(*Note de l'Auteur.*)

Les Maisons

De Montboissier de Canillac, 1189, par acte de l'an 1244.

D'Andlaw, 1192 (*Eques imperialis*).

D'Aydie de Ribérac de Riom, 1194 (*Nobil. vir*).

Taillefer, 1194, dans la même charte, avec les qualifications de *Noble et Redouté Seigneur*.

De Noailles, 1197 (*Dom. dict. Loc.*).

De la Guiche, 1198, dans un acte de 1249 (*Eques*).

D'Albon, 1200, qualifié *Magnus Marescallus S. Johan. Bapt.* (1).

De Beaumont des Adrets du Repayre et d'Autichamp, 1202 (*Noble Voyer et Gruyer*).

De Thiboutost-Montgommerry, 1206 (*Grand-Pannetier*).

Butler (des Comtes de Cahyr), 1206 (*Grand Butler ou Bouteiller d'Irlande*).

Du Bouschet de Sourches de Monsoreau de Tourzel, 1209 (*Scutifer*).

De Pouilly d'Yvor, d'Amblimont, etc., 1209 (*Nobilis et Potens Dom.*).

De Belzunce-Castelmoron, 1209 (*Nobil. Baccalaureus*).

Mac Carthy de Riagh, 1209 (*Thanist ou Dynaste*).

De Saint-Georges de Vérac, 1210 (*Egreg. Condominus*).

Monti dei Monti, 1210 (*Magnificus Dominus*).

De Mostuejoulx, 1212 (*Eques*).

---

(1) Ce qui doit signifier l'*advouerie Maréchale*, ou protectorat de la basilique de Saint-Jean de Lyon, église Primatiale des Gaules. (*Note de l'Auteur.*)

Les Maisons

Boylesve, 1212, avec le titre de *Chevalier*, dès l'origine (1).

De **Saint-Mauris-Chatenoy**, 1212 (*Scutifer*).

D'**Escorailles** de **Montferrand** et de **Fontanges**, 1212 (*Dominus Comptor*) (2).

D'**Espinay-Saint-Luc**, 1217 (*Eques Ducis*).

De **Beaufort** et de **Custine**, 1217 (*Donzels*).

De **Récourt** de **Lens** de **Rupelmonde**, 1219 (*Dom. Castell.*).

Du **Merle** de **Blamecuisson**, 1220 (*Dom. Patro*).

O'**Mahony** de **Carbrye**, 1220 (*Thanist*).

De **Berghes-Saint-Winox**, et d'**Esterno**.....

De **Bermond** d'**Anduze**, de **Vachères**, d'**Aletz** et du **Caylar** de **Thoyras**, 1221 (*Miles*).

De **Montaut** de **Bénac** de **Navailles**, 1225 (*Dom. Dominus*) (5).

(1) Vous voyez, Monseigneur, que je ne vous parle pas seulement des gens de qualité. Chérin m'a dit que ces honnêtes et anciens Boylesve existent encore en Saumurois dans un vieux château. Je me sens pénétrée d'intérêt et de vénération pour ces bons gentilshommes qui ont trouvé moyen de conserver leur noblesse avec une intégrité rigoureuse, et néanmoins avec une simplicité si loyale et une modestie si parfaite qu'ils n'ont seulement pas eu la pensée d'ajouter un article datif à leur nom de famille. On les connaît dans l'histoire de Paris et d'Angers, depuis le règne de saint Louis, qui les estimait et considérait *particulièrement*, ainsi que l'abbé Ladvocat nous le témoigne en son ouvrage. (*Note de l'Auteur.*)

(2) Plusieurs seigneuries des provinces méridionales avaient le titre de *Comptories*, parce que la charge et la dignité d'Argentier féodal et grand Trésorier héréditaire de la Noblesse aux États-Généraux de la province étaient attachées à leur possession. (*Note de l'Auteur.*)

(3) Dominus Dominus, formule indiquant la supériorité sur de

ANCIENNES

Les Maisons

Du Guesclin de Broon, 1223.

De Talaru-Chalmazel, 1224 (*Eques auratus*).

D'Asnieres de la Chastaigneraye, 1224 (*Dominus*).

De Rorthay, 1224, dans le même acte.

Le Seneschal de Kercado de Molac, 1225 (*Senescalcus*).

Du Chastel, 1226, }
De Goulaine, 1226, } dans la même charte (*Admiraulx*).

De la Tour-Gouvernet-la-Charce, 1226.

De Scepeaux, 1229 (*Donzel*).

De Baschi d'Aubais de Saint-Estève et du Cayla, 1229.

De Lupé, 1229 (*Chevalier*).

De Moreton-Chabrillan, 1229 (*Dominus*).

De Bombelles, 1229 (*Miles*).

De Pierre-Bernis, 1229 (*Domicellus*).

De Toustain, 1250, }
De Briqueville, 1250, } dans la même charte (*Pleiges du Roi*).
De Mathan, 1250, }

De Polignac-Chalençon, 1250 (*Donzel*).

De Montaigu, 1251 (*Comte*).

D'O, 1252 (*Seig. Patron*).

De Lalaing d'Oudenarde (le dernier rameau légitime vient de s'éteindre en 1779).

simple seigneurs. Elle s'est conservée dans le protocole au *Pontifical* et dans les rituels, pour tous les ecclésiastiques auxquels appartiendrait (en français) la qualité de Messire. L'habitude et l'obligation d'écrire deux fois Monsieur ou Madame pour la suscription de nos lettres est évidemment un résultat de cet ancien usage français.   *Note de l'Auteur.*

MAISONS.

Les Maisons

De Quélen du Vieux-Chastel, de Saint-Billy et d'Esturrt-la-Vauguyon, 1233.

De Murat de Lestang, 1233 (*Donzel*).

De la Chastre (des Princes de Déols), 1234.

De Bonneval, 1234 (*Banneret*).

De Coetmen, 1224 (*Juveigneur*).

De Montchenu, 1234 (*Chevalier*).

De Soastres de Guines de Saint-Évroult de Gavre, 1235 (*Stathouder*).

De Montesquiou, 1236, ⎱ par le même contrat
De Cahuzac de Caux, 1236, ⎰   (*Ecuyers*).

De Roquefeuil, 1237 (*Baccalehor eiz arms*).

De Montmorin-Saint-Hérem, 1238 (*Dom. Dominus*).

De Rochefort d'Ally, 1238 (*Châtelain*).

De Loubens-Verdalle, 1238 (*Porte-lance du Roi*).

Du Camboust de Coislin, 1239 (*Chevalier*).

De Roquelaure-Biran, 1241 (*Page-au-Roi*).

De Montjoye-Montjoye, 1242 (*Camérier*).

De la Vieuville du Coskaer, 1242 (*Châtelain*).

De Grammont de Caderousse, 1242 (*Noble Viguier*).

De Voyer de Paulmy d'Argenson, 1242 (*Vicomte et Voyer Royal*).

De Nettancourt d'Haussonville de Vaubecourt, 1243 (*Dominus*).

De Goyon de Marcé, 1243 (*Juveigneur*).

De Saint-Nectaire ou Senneterre, 1243 (*Maréchal*).

De Podenas de Peyrusse, de Larocque et de Castera, 1244 (*Dominus*).

De Flackslanden, 1244 (*Statthalter*).

De Preyssac d'Esclignac, 1245 (*Dominus*).

De Béon de la Pallu, 1245 (*Nobil. Dom.*).

Les Maisons

HURAULT de CHEVERNY de l'HOSPITAL, aujourd'hui de VIBRAYE et de SAINT-DENYS, 1245 (*Deens* ou *Decanus*).

De FUMEL-MONTSÉGUR, 1246 (*Nobilis Eques*).

De MANDELOT-BATAILLE, 1246 (*Dom. et Miles*).

D'AUMONT-ROCHEBARON-VILLEQUIER, 1247 (*Dom. Dominus*.

Du VERGYER de la ROCHEJAQUELEIN, *Chevalier* en 1247, avec mémoration d'un acte de l'an 1142.

DE LEZAY, 1247, même date, et dans la même charte.

DALMAS ou DAMAS de CRUX, de COUSAN, de THIANGES, etc., 1249, avec mémoration de l'an 1122 (*Très-Noble Sire*).

De la FERTÉ de MEUNG, 1250 (*Damoiseau*).

De GUIGNARD ou GUINARD d'ARBONNE, de SAINT-PRIEST et de JONS, 1250 (*Chevaler*), en conclusion d'une Charte royale de l'année 1525.

De NÉDONCHEL, 1252 (*Dom. dist. loc*).

De WISSECQ de GANGES, 1252 (*Royal Pleige*).

De TILLY-BLARU, 1252 (*Dominus*).

De FERRETTE (*Burgraff.*), 1252.

De SAINTE-MAURE de MONTAUSIER, 1252 (*Dom.*).

De MAUMAZ de BAUDÉAN de PARABÈRE de NEUILLAN, 1252 (*Scutifer*).

De PARDAILHAN de GONDRIN de MONTESPAN d'ANTIN de SAINT-LARY-BELLEGARDE d'ASTARAC de FOIX de CANDALE de NOGARET de la VALETTE et d'ESPERNON, 1253 (*Nobil. vir*).

De LASTIC-SAINT-JAL, 1254 (*Eques*).

SAVARY de CASTEL - SAVARY de LANCOSME, 1256 (*Eques*).

Les Maisons

De Helmstadt, 1256 (*Liber Heer*).

De Kerohent de Coëtenfao de Locmaria, 1256,

De Coëtlogon-Méjusseaume, 1256,

De Rosnyvinen de Piré, 1256.

} qualifiés *Chevaliers* dans la même Charte.

De Messey,
De Nogaret,
Le Bastard,
Pastoret,
De Crenan,
De Tanques,

} 1258 (*Chevaliers fidéjusseurs pour le Roi*).

De Pins, 1260 (*Donzel*).

De Chœrdebœuf de Montgon, d'Hunières et de Pradel, 1260 (*Noble Fidejussor*).

D'Auberjon de Murinais, 1260 (*Dom. dict. loc.*).

Guignard de Mauconseil, 1260 (*Chevalier*).

De Lordat, 1262, par extension d'un acte souscrit en 1555.

Gallard de Brassac-Béarn et Terraube, 1265 (*Scutifer*).

Du Coëtlosquet, 1265 (*Noble Champion*).

De Saint-Chamans, 1265 (*Dom. dict. loc.*).

De Ravel d'Esclapon, 1265 (*Nob. vir*).

De Montcalm-Gozon, 1265, par induction d'une charte de l'an 1504.

De Kergorlay,
De Saint-Pern,
De Tinténiac,

} dans un même acte en 1265 (*Chevaliers et Champions*).

Creton d'Estourmel, 1266, par indication d'une charte postérieure (*Miles*).

Les Maisons.

De Vassé du Mans, 1267, qualifié *Miles* et *Vice-Dominus*.

De Boisse, 1267, par citation dans un acte de 1511 (*Scutifer*).

De Brichanteau de Nangis, 1268 (*Donzel*).

De Chamisso, 1268 (*Dominus*).

De Beauvoir de Chastellux, 1269, par indication d'un acte de 1406.

De Plelo, 1269 (*Écuyer tranchant de la Reine*).

De Courtarvel, 1269, par citation et par deux actes subséquens.

De Grossoles de Flamarens, 1270 (*Dominus*).

D'Harcourt-Beuvron, 1271 (1).

De Gain de Montaignac et de Linars, 1271 (*Miles*).

Mancini-Mazarini de Nivernais, 1272 (*Eques Romanus*).

De Vogüé, 1275, par induction d'un rescrit de l'année 1542.

De Durfort de Duras de Lorge de Civrac, de Boixières et de Léobard, 1278 (*Eques auratus*) (2).

De Mornay, 1279 (*Domicellus*).

D'Andigné, 1279 (*Dominus dicti loci*).

De Gaucourt, 1279 (*Eques Regis*).

De David ou Davidis de Lastours, 1279 (*Dominus*).

---

(1) Il me semble qu'un acte de récognition d'un Comte d Harcourt-Harcourt ne saurait suppléer à l'absence des preuve de filiation pour cette branche *ducale*. (*Note de l'Auteur.*)

(2) Il paraît que tous les titres antérieurs furent emportés en Angleterre, en 1525, av. c les archives de la Duché de Guyenne. (*Note de l'Auteur.*)

Les Maisons

De Sartiges, 1280, qualif. *vice Dominus abbatialis.*
De Lonlay de Villepail, 1280 (*Dominus*).
De Crussol d'Uzès 1285 (*Nobil. vir*).
De Ludre, 1285, avec mention de 1246.
De Charette ou Chareste, 1275, qualifié *Miles Senescalcus* (1).
De Cottentin de Tourville, 1286 (*Dom. Patronus*).
De Salviac de Viel-Castel, 1286 (*Chevalier*).
De la Croix de Castries, 1288, par induction d'un acte de 1599 (*Scutifer*).
De Panat de Castelpers, 1288 (*Damoiseau*).
Des Ascres de Laigle, 1288 (*Noble Sarjenthier*) (2).
De Fay de la Tour de Maubourg, 1288
De Lorgeril, 1289 (*Écuyer et ôtage du Duc*).
Le Veneur de Tillieres, } par un seul acte, en 1289
De Houdetot, même date, } (*Écuyers*).
D'Angennes de Maintenon de Lalouppe et de Rambouillet, 1289.
D'Apchon, 1289 (*Comptor*).
De Caradeuc de Kéransquer, de Caradeuc et de la Chalottais, 1289 (*Noble Champion*).
De Chastenet de Puységur, 1289, par indication dans un acte de 1597.
D'Abzac,
De la Tourette, } 1289, dans un même acte (*Écuyers-Témoins*).
De la Cropte,

(1) Pour le Comté Nantois, les Sénéchaux héréditaires du Duché de Bretagne étant les Sires de Kercado, Barons de Molac.
(*Note de l'Auteur.*)

(2) C'est-à-dire seigneur d'une terre ayant droit de sergenterie féodale.

Les Maisons

De Budes de Guébriant, 1289 (*Cheftaine de cent Lances*).

De Longueil de Maisons, 1290 (1).

De Lubersac, 1290 (*Dominus et Miles*).

Le Maistre de la Garlaye, 1290 (*Donzel*).

Du Hamel, 1290 (*Coseigneur*).

De Bassompierre ou de Bestein, 1291 (*Libre-Baron*).

De Peychpeyrou - Comminges et Beaucaire, 1291 (*Sénéschal du Roy*).

De Chaumont-Guitry, 1292 (*Baillif d'épée*).

Du Bois de Maquilley, 1292 (*Chevalier*).

Du Lau d'Allemans, 1292 (*Châtelain*).

De Calonne et de Courtebonne, 1292 (*Noble Seigneur*).

Dauger, 1292, avec le titre de *Chevalier* pour le fils, le père et l'aïeul.

De Lasteyrie du Saillant, 1294 (*Bachelier ez-loix et chevetain du ban des Nobles*).

De Toulongeon, 1295 (*Chevalier*).

Fournier de Mont - Fournier, de Wargemont, de Bellevue, etc., 1294 (*Ecuyer*).

De Blot de Chauvigny, 1297 (*Chambrier de la Royne*).

De Gironde, 1298 (*Écuyer-Bachelier*).

De Pardieu, 1298 (*Damoiseau*).

---

(1) C'est une de ces familles que le Duc de Saint-Simon traite avec le plus d'irrévérence, et qui n'en a pas moins fourni des preuves antérieures à celles de sa propre famille.

(*Note de l'Auteur.*)

De Born,
De Savonières,
De Bouville,
De Pontac,
De Carbonnel,
De Mellet, } 1298 et dans le même acte (*Escuyers et Nobles Tesmoingnants pour le Roy*).

De Lambertye, 1299, par citation d'un acte de 1312.

De Chatenay-Lanty, 1300 (*Condominus*).

Talon de Liménéagh et du Bouloy, 1300 (*Knigthäel*).

De la Fare, 1302 (*Châtelain Royal*).

De Loras, 1302 (*Chevalier*).

Guénand des Bordes, 1308, avec la qualité de *Porte-Oriflamme de France*.

De Corneillan, 1308, } dans la même charte. (*Premiers
De Bonald, 1308, } Pages du Pape*) (1).

De la Myre-Mory, 1309 (*Écuyer*).

De Lameth, 1309 (*Nobil. vir*).

De Boisgeslin de Cucé, 1310 (*Écuyer*).

De Salignac de la Motte-Fénelon 1310 (*Noble Donzel*).

De Beauvilliers de Saint-Aignan de Buzançais, 1311 (*Écuyer*).

D'Appelvoysins, 1311, avec mémoration d'une autre charte de 1205.

D'Usson de Bonnac de Donézan, 1311 (*Écuyer*).

De Lescure-Sommièvres, 1311 (*Forestier Royal*).

---

(1) C'était sous le Pontificat de Clément V, à la Cour d'Avignon. Ce bref est daté du 6 octobre, après l'espres.

(*Note de l'Auteur.*)

Les Maisons

De Siochan de Pénéven, de Kersabiek et de Saint-Jouan-des-Guéretz, 1511 (*Chevalier*).

D'Aloigny-Rochefort, 1511 (*Chevalier*).

De Guillaumanches, 1512 (*Roi d'armes de France*).

De Fouilleuses de Flavacourt, 1513 (*Chevetaine*).

De Saint Gilles,
De Guémadeuc,
De Lambilly, } 1513, qualifiés *Chevaliers et Cautions* dans la même charte.

De la Valette-Parisot, 1514 (*Noble Seigneur*).

Botherel de Botherel, 1514, avec mémoration d'un ancêtre paternel en 1202.

De Grave, 1514 (*Noble Homme*).

De la Vaulx, 1515 (*Chevalier*).

De Rechignevoysin, 1515 (*Prévost et Hérault du Roy*).

Yzarn de Vallady, de Villefort, de Freissinet, etc., 1515 (*Castellanus*).

De Wignerot du Plessix-Richelieu et d'Aiguillon, 1517 (*Admiral de Guyenne*).

De Lavergne de Tressan, 1517 (*Noble homme*).

De Guérapin de Vauréal, 1517, avec citation d'un acte souscrit par l'aïeul en 1244 (1).

De Sesmaisons, 1517, avec mémoration de 1254 (*Condominus*).

De Cardevaques d'Havrincourt, 1518 (*Nobil. vir*).

Drummond de Perth et de Melfort, 1518, avec citation d'un acte de 1112.

De Saint-Simon-Courtomer, 1518 (*Nobil. vir*).

---

(1) M. de Saint-Simon dit que cette famille était roturière en 1721, ce qui est d'une infidélité notoire aux archives de Malte, ainsi qu'au chapitre Royal de Brioude. (*Note de l'Auteur.*)

Les Maisons

De LENTILHAC de GIMEL et de SÉDIÈRES, 1519 (*Dominus*).

De NOÉ, 1519,   ⎫ dans un même contrat (*Nobles*
De MONTRÉAL, 1519, ⎬   *Champions*).
                   ⎭

De HINNISDAEL, 1519 (*Nobelheer*).

De la ROCHEAYMON, 1519, avec une indication très-antérieure.

De CASTELBAJAC, 1520 (*Damoiseau*).

De ROZYÈRES-SORAN, 1520 (*Varlet-au-Roy*).

De SARLABOUS de MUN, ⎫
D'ESCAYRAC,   ⎬ tous les quatre par le même
De CLARAC,   ⎬ acte, en l'année 1520.
D'ENGUERRAVACQUES,   ⎭

D'OURCHES, 1522, avec mémoration de l'année 1242.

De CIRCOURT, 1522, par citation dans un acte de 1582.

De BEAUPOYL de SAINTE-AULAIRE, 1525.

D'ONS-ALAIS, 1525 (*Baron*).

DREUX, de REUX, ou plutôt DE DREUX, de BEAUSSART, de LIGUEIL, de BRÉZÉ et de NANCRÉ, 1526, ainsi qu'il appert d'un acte de 1454, par lequel cette famille est incontestablement rattachée à la branche de Beaussart de la maison de Dreux (1).

(1) Il faudrait s'étendre un peu sur cette famille, en réplique au Duc de Saint-Simon dont la faconde est très-malveillante à l'égard du Marquis de Dreux, Grand-Maître des cérémonies sous Louis XIV. Pour apprécier cette acrimonie déloyale et pour expliquer ses dénigremens, il est à propos d'observer, entre autres griefs, qu'aux funérailles de Louis XIV, à Saint-Denis, cet officier de la Couronne avait cru devoir s'incliner en passant devant le *grand banc* du parlement de Paris, avant d'avoir fait la révérence à Messieurs les Ducs. Il est résulté de ceci des torrens

Les Maisons

De HARLAY de SANCY de CHANVALON, 1328 (*Noble Seigneur*).

Du PLESSIX-CHATILLON, 1330.

De PUYSAYE, 1332 (*Noble Seigneur*).

De ROSSET de PÉRIGNAN de FLEURY, 1333.

De LAUZIÈRES-THÉMINES et CARDAILHAC, 1334, avec mention de deux degrés de filiation antérieurs.

De BULLION de FERVAQUES et d'ESCLIMONT, 1334 (*Écuyer*).

FOUQUET de VAUX de BELLISLE de GISORS, 1334 (*Écuyer*).

De BOUILLÉ-CRÉANCE......

De RÉMOND de MONTLAUR de MODÈNE, 1335 (*Coseigneur*).

De PRACOMTALD, ou PRACONTAL, 1335 (*Chevalier*).

De VILLERS-La-FAYE de VAULGRENANT, 1335.

Du PARK-LOKMARIA, 1335, avec mémoration de l'année 1240.

De LANGHEAC-LESPINASSE, qualifié *Noble Sire* en 1336, avec indication de quatre degrés antérieurs.

De CARONDELET, 1336, par induction d'un arrêt daté de 1479.

De DIGOINE et de JAUCOURT, ayant la même origine avant 1336.

De VALORY-DESTILLY, 1336, en résultat d'un contrat de 1487.

---

d'injures, avec un débordement d'exécration qui s'est étendu jusque sur les gens de qualité qui étaient parens ou alliés de cet inique et détestable cérémoniaire.

(*Note de l'Auteur.*)

Les Maisons

De l'Estel de Tubières de Lévy de Grimoard de Quélus, 1336, avec citation du bisaïeul, en 1240.

Le Compasseur de Courtivron - Créquy - Montfort, 1336 (1).

De Chamborant, 1336,
De Bossuejoulx de Roquelaure, 1336, } dans le même acte (*Nobles Sires*).

De Chapt-Rastignac, 1336 (*Ecuyer*).

Texier d'Hautefeuille, 1337 (*Chevalier*).

Du Pouget de Nadaillac, 1337, avec mémoration de trois générations antécédentes (*Dom Chefmier*) (2).

De Lanoue de Théligny, dit *Bras-de-fer*, 1337 (*Ecuyer poursuivant d'armes*).

D'Espinchal, 1338 (*Damoiseau*).

De Bernard de Sassenay, d'Ortholes, etc., 1338 (*Ecuyer*).

De Talhoet de Kéramon, de Boishorand, de Rostiviec, etc., 1338.

De Mescrigny, 1339, par indication en 1408 (*Dom*).

Rigaud de Vaudreuil, 1340, avec citation d'un acte de 1320 (*Nobil. vir*).

De Lort de Sérignan de Valras, 1340 (*Coseigneur*).

De Jouanne de Miossens, d'Hérigoyen, de Saummery-Chambord et d'Illiers, 1340 (*Nobel Servas al Rey*).

(1) *Voyez*, relativement à cette adjonction du nom de Créquy, le n° V des Pièces justificatives, au VII° volume de la première édition de Paris, pages 521 et suivantes. (*Note de l'Éditeur.*)

(2) C'est-à-dire Seigneur en chef d'un co-partage noble, et chargé de l'hommage féodal en sa qualité d'aîné.

(*Note de l'Éditeur*

Les Maisons

De Ségur, 1342 (*Bachelier ex armes*).

D'Albertas, 1342, par mémoration dans un acte de 1497 (*Magnificus Dom*).

De Moustier, 1344 (*Seign dud. lieu*).

De Villiers de l'Isle-Adam, 1344 (*Baron*) (1).

De Veiny d'Arbouze, 1345 (*Noble Sire*).

Brissonnet d'Auteuil, 1346 (*Haut et Puissant Seigneur*).

De Barras, 1348 (*Generosus vir*).

De Forbin de Janson, des Issarts, de Labarben, d'Oppède, etc., 1350.

Du Jay de Rosoy, 1356, avec la qualité de *Baron*.

D'Albert de Luynes et d'Ailly de Chaulnes, 1358 (*Eques auratus*).

De Polastron, 1360 (*Noble sergent d'armes*).

De la Fruglaye, 1364, avec citation d'un acte ducal en 1269 (*Chevalier*).

D'Estampes de Valençay de la Ferté-Imbault, 1365 (*Noble Sire*).

De Carrion de Murviel de Nisas, 1365 (*Chevalier Bachelier*).

De Delley d'Asgier, de Lagarde-en-Juers et de Blancmesnil, 1365 (*Noble Damoiseau*).

De Besse de la Richardie, 1365 (*Comptor*).

De Montalembert, 1367 (*Noble Seigneur*).

De Béthizy-Mézières, 1367 (*Ecuyer*).

---

(1) Arrêt et sentence, après enquête, établissant la destruction des plus anciens titres à la suite de l'éboulement d'une tour, en 1586. (*Note de l'Auteur.*)

Les Maisons

De Rouvroy de Saint-Simon (dont le nom patronymique était Le Borgne), 1568 (*Ecuyer*).

Champion de Cicé, 1568, qualifié *Champion du Dauphin*, avec mémoration de l'aïeul, *Champion du Roi* en 1502.

De Lestrange, 1568 (*Chevalier*).

De Béziade d'Avarey, 1568 (*Noble Seigneur*) (1).

Du Mas de Paysac (des Vidames de Périgueux), 1568.

Williamson ou d'Oillanson, 1568 (*Knigt*).

De la Vallée de Pimodan, 1568 (*Chevalier*).

De Lahyre-Granvald, 1568.

De Monteil, 1568 (*Baron*).

Lebœuf de Chateaubriand, 1569, } dans le même
De Kertainguy, 1569,   }   acte.

Foucault de Lardimalie, 1569 (*Ecuyer du Roi*).

De Vallon d'Ambrugeac, 1570 (*Ecuyer*).

De la Coste-Messelière, 1570, par indication dans un acte subséquent.

Legroing de la Romagère, 1571, avec le titre de *Seigneur Patron*.

Portelance de Joncquières, 1572 (*Bachelier-poursuivant d'Armes*).

Rouault de Gamaches, 1572 (*Argentier du Roi*) (2).

(1) Le fils et les neveux du premier Seigneur de Béziade sont qualifiés *Caballeiro* et *Segnoreils* : ainsi, tout ce que le Duc de Saint-Simon rapporte sur l'origine de cette famille est d'une fausseté manifeste. (*Note de l'Auteur.*)

(2) C'est le premier acte d'anoblissement connu, et le deuxième acte de la même nature n'est daté que de l'année 1400, en faveur de *Thierry Le Cœuru du Martray*, famille éteinte.
(*Note de l'Auteur.*)

Les Maisons

De Fenoil, 1575 (*Chevalier*).

De Nieulle, 1576, avec mention d'un acte de 1555 une charte antérieure.

Marnix de Sainte-Aldegonde, 1577 (*Ecuyer*).

De Vimeur de Rochambeau, 1570 (*Noble homme*).

Le Forestier de Guehenneuc, de Kerverg, de Marville, de Vendœuvres, etc., 1579.

De Framont, 1579 (*Chevalier de l'ordre du Roi*).

Des Montiers de Mérinville, 1579, avec mémoration du trisaïeul, qui n'est pas nommé dans ce document.

De Feuillans, 1580 (*Chevalier de l'ordre*).

D'Estrées, 1585 (*Ecuyer*).

De Cossé-Brissac, 1587 (*Noble homme*).

L'Hermite de Saint-Hilaire et de Champgrand, 1587 (*Hérault doyen*).

Talleyrand-Grigneaux de Chalais, 1590, par interprétation d'un acte de 1467 (1).

Du Plessix-d'Argentré, 1590 (*Châtelain*).

De Contades-Gizeux, 1590 (*Ecuyer*).

De la Lande-Castéja, 1590 (*Chevalier*).

De Riquetty de Mirabeau, 1592 (*Ecuyer*).

Green de Saint-Marsault de Chastel-Aillon, 1592 (*Coseigneur*).

D'Estutt de Solminiac et de Tracy, 1592 (*Écuyer*).

De Lostange, 1593, par indication d'une autre charte de 1480.

Le Vassœur de Germonvillier, 1593 (*Roi d'armes*).

---

(1) Voyez la Réfutation de M. de Flassan sur le Mémoire généalogique de la maison de Talleyrand-Périgord, publié sous le nom de M. de S.-Alais, en 1835. (*Note de l'Éditeur.*)

Les Maisons

Mottier de la Grange-Robelot, dit de la Fayette 1595 (*Écuyer*).

De Guiscard de Goth de Rouilhac (*Haut et puissant Seigneur* en 1595, avec mention de l'année 1216).

Beaucorps,
Rogon,
De Chateaubriand, } 1595 (*Ecuyers fidéjusseurs*).

De Penfenteniou (Cheffontaines), 1595 (*Châtelain ducal*)

Martel de Fontaine, de Montmartel et de Ville-Martel, 1594, avec citation d'un acte de 1821.

Robert de Lignerac de Caylus, 1594 (*Chevalier de l'ordre du Roi*).

De Cahideuc du Bois-de-la Motte, 1594 (*Ecuyer*).

Le Clerc de Juigné, 1595, par citation dans un acte de 1465.

D'Espondeillan-Saint-Firmin, 1595 (*Haut et puissant Seigneur*)

De Rostaing, 1595 (*Chevalier*).

De Caulaincourt, 1595 (*Noble homme*).

Chenu de Vilaines d'Yvetot, qualifié *Redoutable et Miséricordieux Seigneur*, en 1595 (1).

Du Barry d'Argicourt, 1596 (*Noble homme*).

---

(1) C'est le premier Sire ou Prince d'Yvetot qui se soit qualifié *par la grâce de Dieu*. J'ai vu de lui un rescrit de l'an 1401 dans lequel il parle de sa *royauté* en voulant parler des droits et priviléges de cette noble terre. Il en était si glorieusement exigeant qu'on ne l'appelait en Normandie que le *Roi d'Yvetot*. Ce riche et beau domaine a gardé le titre de principauté, et se trouve possédé maintenant par la maison d'Albon-Saint-Forgeux par héritage du Maréchal d'Humières. (*Note de l'Auteur.*)

Les Maisons

BOUTON de CHAMILLY, 1596 (*Chambellan*).
De LAGARDE d'EVRY de MARLEMONT, 1596 (*Ecuyer*).
DE RAMBURES, 1597 (*Haut et Puissant Seigneur*) (1).
De GOUY d'ARCY, 1597 (*Chevalier de l'ordre*).
De BRAGUELOGNE, 1597 (*Chevalier ez-lois comme ez-armes*).
De COURONNEL-aux-Maillets, *dit* de Mailly, 1597, avec mention du IIIe aïeul, qui vivait encore en 1514 (*Chevalier et Ostage de la Sainte Ampoulle Royalle de Rheims*).
Le PRESTRE de VAUBAN, 1597 (*Damoiseau*).
D'OSMOND de BEUVILIER, 1597 (*Ecuyer*).
Du BOSCQ de RADEPONT, 1598 (*Chevalier*).
De SUFFREN de SAINT-TROPEZ, 1598 (*Noble Jurat et Viguier*).
De SAINT-DENYS du QUESNOY, 1598 (*Noble homme*).
Le CLERCQ de BUFFON, en 1598, dans le même acte.
De BOCAMADOUR de CASTELNAU, 1598, qualifié *Noble Seigneur* par acte du mois de décembre, au-dessous de laquelle date on n'est plus admis à solliciter l'entrée des grands chapitres, ni les honneurs de la Cour.

---

(1) Si les preuves de cette ancienne maison ne remontent pas plus haut, c'est à cause de l'incendie de son chartrier en 1591.

(*Note de l'Auteur.*)

LISTE DE XLI FAMILLES

D'ANCIENNE CHEVALERIE

DONT ON N'A PU SE PROCURER LES PREMIÈRES DATES ORIGINELLES

avec assez d'exactitude et de précision

POUR SUPPLÉER

A L'INFIDÉLITÉ, LA NÉGLIGENCE, OU LA VÉNALITÉ
DES DICTIONNAIRES GÉNÉALOGIQUES.

Ce qu'on peut affirmer sur les 41 noms qui suivent, c'est qu'ils sont très-antérieurs à l'année 1399, et que ceux qui les portent doivent être considérés comme gens de qualité.

De Moy.
De Croix.
D'Imécourt.
De Sailly.
De Barbançois.
De Sainte-Hermine.
De Maugiron.
De Bréhan-Mauron.
De Bryey.
De Carvoisin.
De la Rochelambert.

ANCIENNES MAISONS.

D'Allonville.
De Poilvillain de Cresay.
D'Astorg.
D'Harambure.
D'Assas.
De Biencourt.
De Joussineau de Tourdonnet.
De Fontette-Sommery.
De Méhérenc de Saint-Pierry.
D'Esquelbecq.
De la Roche-Fontenille.
De Causans.
De Chasteignier
De la Porte de Ryan.
De Croixmares.
De Vennevelle d'Espagne.
De Boisseulh.
De Montléard de Rumond.
De Ginestous.
De Boisdennemets.
De Schomberg.
D'Hoffelize.
Rozen de Rozen.
Sparre (*Suédois*).
De Valemberg (*Souabe*)
D'Erlach (*Suisse*).
O'Gorsman (*Irlandais*).
Dillon de Roscomon (*Irlandais*).
Mac Donnald (*Écossais*).
Mac Mahon (*Écossais*).

FAMILLES

QUI JOUISSENT DES HONNEURS DU LOUVRE,

SANS AVOIR FOURNI LES PREUVES DE 1399,

Preuves exigées pour obtenir les honneurs de la Cour, ou de la présentation pure et simple.

Ducs de GÈVRES.	Potier de Groslay de Blancmesnil de Tresmes, *anoblis vers l'an* 1416.
— de VILLEROY. . . .	De Neuville des Thuileries d'Alincourt, *anoblis en* 1507.
— de CRILLON-MAHON.	Berthon *dit* des Balbes, 1510.
— de VILLARS.	Vilars *ou plutôt* Vilart, 1562.
— de COIGNY.	Guillot surnommé de Franquelot, 1602.
— de BROGLIE.	Broglia *ou* del Brolio....

FAMILLES ILLUSTRÉES

PAR LES ARMES OU DANS LES CONSEILS DU PRINCE,

Lesquelles Familles ont été maintenues en possession des honneurs de la Cour, avec dispenses pour les preuves exigées par l'ordonnance de 1770.

Chevalier du LYS d'ARC. . . .	Vauthier de Jeuvry (1).
Vicomte du TERRAIL-BAYARD.	Tiercelin.

(1) C'est la troisième famille à qui la descendance d'un frère de la Pucelle d'Orléans ait procuré son anoblissement *par le*

Marquis de CHATEAU-RENAULT.	Rousselet.
Comte d'AMANZÉ.	Fabert.
Marquis de BELLEFONDS. . .	De Gigault (1).
Comte de BEZONS.	Bazin.
Comte d'ESTRADES.	D'Estrades.
Comte de LANGERON.	Andrault.
Marquis de CLÉRAMBAULT. .	Gilliers.
Comte de MAILLEBOIS. . . .	Desmarets.
Comte de CHEVERT.	Chevert.
Marquis du QUESNE.	Duquesne-Monnier.
Marquis d'ASFELD.	Bidal.
Marquis de BISSY.	Thiais.
Comte de GOYON.	Gouillon.
Comte de MORANGIS.	Barillon.
Comte de GUERCHY.	Reignier.
Comte de BERCHENY.	BercShéni.
Marquis d'HARVILLE. . . .	Juvenel de Traisnel.
Comte de BARBANÇON. . . .	Du Prat de Nantouillet.
Marquis de BOUTHILLIER. . .	Le Bouthillier de Chavigny de Busançais.

femmes, en suivant l'ancienne coutume de Champagne, où *le ventre anoblit.*   (*Note de l'Auteur.*)

(1) Feu M. Clerambaut avait eu l'occasion d'observer que les deux familles de Crisenois et de Burville, qui portent également le nom de Gigault, avaient la même origine que celle de Bellefonds, qui peut remonter à l'an 1415, et laquelle a produit, au XVIIe siècle, un Archevêque de Paris, Duc et Pair de France, un Grand-Chancelier de l'ordre de St.-Lazare, une Dame du Palais de la Reine, et qui plus est, le valeureux et vénéré Marquis de Belefonds, Maréchal de France, premier Écuyer de Madame la Dauphine, Ambassadeur à la Cour d'Espagne en 1665, et Chevalier des ordres à la promotion de 1688.

(*Note de l'Auteur.*)

Comte de BRIENNE.	De Loménie.
Marquis de PLANCY.	De Guénégaud.
Comte de PUYSIEUX.	Bruslard de Sillery.
Comte de GENLIS.	Bruslard de Sillery.
Marquis de PONTCHARTRAIN.	Phélippeaux.
Comte de MAUREPAS.	Phélippeaux.
Duc de la VRILLIÈRE.	Phélippeaux.
Comte de VITRY.	De Lyonne.
Marquis de LOUVOIS.	Le Tellier.
Comte d'ESTRÉES.	Le Tellier de Louvois.
Comte de SOUVRÉ-COURTENTAUX	Le Tellier de Louvois.
Marquis de SEIGNELAY.	Colbert.
Comte de MAULÉVRIER.	Colbert.
Marquis de la SUZE.	Chamillart.
Marquis de CHAUVELIN.	Chauvelin.
Comte de BÉRINGAN.	Van Beeringhem.
Marquis de LIVRY.	Sanguin.
Baron de BRETEUIL.	Le Tonnellier.
Marquis LECAMUS.	Lecamus de la Grange-Bligny.
Marquis de MARIGNY.	Poisson de Vandières.
Comte d'AUGIVILLERS.	Flahaut de la Billarderie.

Toutes les autres dispenses dont nous voyons les effets ne sont que *personnelles*, et je n'ai pas besoin de vous dire qu'elles ne s'appliquent jamais sur les femmes ou les fils d'un gentilhomme présenté *par ordre du Roi*, c'est-à-dire sans qu'il ait fourni ses preuves de noblesse jusqu'en 1399, et sans qu'il en ait obtenu le certificat de M. Chérin, *l'incorruptible*.

TABLEAUX DE L'ANCIENNE PAIRIE (1).

LES XII PAIRS dits de Charlemagne.

PAIRS ECCLÉSIASTIQUES.

L'Archevêque-Duc de REIMS.
L'Évêque-Duc de LAON. } Trois Ducs.
L'Évêque-Duc de LANGRES.

L'Évêque-Comte de BEAUVAIS.
L'Évêque-Comte de CHALONS. } Trois Comtes.
L'Évêque-Comte de NOYON.

ANCIENS PAIRS LAIQUES.

Le Duc de BOURGOGNE.
Le Duc d'AQUITAINE. } Trois Ducs.
Le Duc de NORMANDIE.

Le Comte de CHAMPAGNE.
Le Comte de TOULOUSE. } Trois Comtes.
Le Comte de FLANDRE.

ANCIENNES PAIRIES LAIQUES,
DE CRÉATION POSTÉRIEURE AU XIIIe SIÈCLE.

Duché de BRETAGNE.
Duché de TOURAINE.
Duché d'ANJOU.
Duché du MAINE.
Duché d'AUVERGNE.
Comté de BLOIS et DUNOIS.

---

(1) L'origine de ces douze pairies est inconnue, mais les six premières existaient encore en 1789. (*Note de l'Éditeur.*)

Comté d'Eu.
Comté de Foix.
Comté d'Évreux.
Comté de Poitou.
Comté de Réthel.
Comté de Ponthieu.
Comté de Soissons.
Comté de Vertus.
Baronnie de Coucy.
Baronnie de Montpellier.
Baronnie de Mortagne.
Évry-le-Chastel, Châtelainie-Pairie.

PAIRIES

DE CRÉATION POSTÉRIEURE AU XV° SIÈCLE.

Duché de Roannais, érigé en 1519, pour la maison de Gouffier. *Pairie éteinte.*

Duché de Guyse, 1527, pour la maison de Lorraine.

Duché de Vitry, 1550, pour la maison de L'Hospital. *P. éteinte.*

Duché de Montmorency, 1551. *Pairie éteinte* par défaut d'héritiers mâles, en 1632.

Duché de Nevers, 1567, pour la maison de Gonzague. *Éteinte.*

Duché de Mercœur, 1569, pour la maison de Lorraine. *P. éteinte.*

Duché de Tonnerre, 1571, pour la maison de Clermont-Saint-Joire. *P. éteinte.*

Duché de Joyeuse, 1571, première création, pour la maison de Chateauneuf-Randon. *P. éteinte.*

PAIRS ACTUELS (1789).

APRÈS LES VI ANCIENS PAIRS ECCLÉSIASTIQUES

M. le Duc d'Uzès (Crussol), 1572 (1).
M. le Duc d'ELBŒUF (Lorraine-Armagnac), 1581.
M. le Duc de MONTBAZON (Rohan-Guémenée), 1588.
M. le Duc de THOUARS (la Trémoille), 1595.
M. le Duc de SULLY (Béthune), 1606.
M. le Duc de LUYNES (d'Albert), 1619.
M. le Duc de BRISSAC (Cossé), créé en 1611, mais enregistré seulement en 1620.
M. le Duc de RICHELIEU et de FRONSAC (du Plessix-Wignerot), 1631.
M. le Duc de LA ROCHEFOUCAULD, 1637 (2).
M. le Duc d'ALBRET et de CHATEAU-THIERRY (de la Tour-d'Auvergne de Bouillon-Turenne), 1651.
M. le Duc de ROHAN (Chabot), 1652.
M. le Duc de PINEY-LUXEMBOURG (Montmorency), 1662.
M. le Duc de GRAMONT, 1663.
M. le Duc de VILLEROY (Neuville), 1663.
M. le Duc de MORTEMART (Rochechouart), 1663.
M. le Duc de SAINT-AIGNAN (Beauvilliers), 1663.
M. le Duc de GÈVRES (Potier de Tresmes), 1663.
M. le Duc de NOAILLES, 1663.

(1) Il est devenu le Doyen des Pairs laïques et non Princes, à raison de l'extinction des huit Pairies précitées et créées antérieurement à l'érection de la Duché d'Uzès, en ladite année 1572.

(2) C'est improprement qu'on écrit LA ROCHEFOUCAULT, cette famille ayant tiré son nom patronimique d'un Baron de la Roche, appellé *Fucaldus*.

M. le Duc d'AUMONT, 1665.

M. le Duc de CHAROST (Béthune-Sully), 1672

M. le Duc de SAINT-CLOUD (l'Archevêque de Paris), 1674.

M. le Duc de BOUFFLERS (Boufflers), 1708.

M. le Duc de VILLARS (Villars), 1709.

M. le Duc de HARCOURT (Harcourt-Beuvron), 1709.

M. le Duc de FITZ-JAMES (Stuart-Fitz-James-Berwick), 1710.

M. le duc d'ANTIN (Pardaillan-Montespan-d'Espernon), 1711.

M. le Duc de CHAULNES (d'Albert-d'Ailly), 1715.

M. le Duc de ROHAN-ROHAN (Rohan-Soubise), 1715.

M. le Duc de VILLARS-BRANCAS (Brancas), 1716.

M. le Duc de VALENTINOIS (Goyon-Grimaldi-Monaco), 1716.

M. le Duc de NIVERNAIS (Mancini-Mazarini), 1721.

M. le Duc de BIRON (Gontaut), 1723.

M. le Duc de La VALLIÈRE (La Baume-le-Blanc), 1723.

M. le Duc d'AIGUILLON (Wignerot-du-Plessix), 1724.

M. le Duc de CHATILLON (Châtillon), 1736.

M. le Duc de FLEURY (Rosset de Pérignan), 1736.

M. le Duc de GISORS (Fouquet de Bellisle), 1742.

M. le Duc de DURAS (Durfort), 1755.

M. le Duc de la VAUGUYON (Quélen d'Estuert), 1758.

M. le Duc de CHOISEUL (Choiseul-Stainville), 1759.

Mad. la Duchesse de MAZARIN (Durfort-Duras), 1760.

M. le Duc de PRASLIN (Choiseul), 1762.

M. le Duc d'AUBIGNY (Stuart de Lénox de Richmond) confirmé en 1771.

M. le Duc de CLERMONT-TONNERRE (Clermont), 1775.

M. le Duc de COIGNY (Guillot-Franquetot), 1787.

DUCS NOMPAIRS HÉRÉDITAIRES,

ET DUCS A BREVET.

M. le Duc de Bar (Duc de Lorraine et Roi de Pologne).
M. l'Archevêque et Duc de Cambray.
M. le Duc de Croy ou Crouy.
M. le Duc de Chevreuse (d'Albert de Luynes).
M. le Duc de Chatellerault (la Trémoille-Talmont).
M. le Duc de Lorge (Durfort).
M. le Duc de Montmorency (Montmorency-Fosseux).
M. le Duc d'Ayen (Noailles).
M. le Duc de la Vrillière (Phélyppeaux-Saint-Florentin).
M. le Duc d'Estissac (La Rochefoucauld).
M. le Duc de Beuvron (Harcourt).
M. le Duc de Laval (Montmorency).
M. le Duc de Civrac (Durfort de Lorge).
M. le Duc de Villequier (d'Aumont).
M. le Duc de Liancourt (La Rochefoucauld).
M. le Duc de Lesparre (Gramont).
M. le Duc de Lévis (Lévis-Ventadour).
M. le Duc de Castries (de la Croix).
M. le Duc de Séran (de Kerfily).
M. le Duc de Chatillon-sur-Loing (Montmorency-Luxembourg).
M. le Duc de Mailly (Mailly d'Haucourt).
M. le Duc de Polignac (Chalençon).
M. le Duc de La Force (Caumont).
M. le Duc de Saulx-Tavannes.
M. le Duc de Broglie (Broglio).

DUCS A BREVET, etc.

M. le Duc de CRILLON-MAHON (Berton-Balbe).
M. le Duc de GUICHE (Gramont).
M. le Duc de DOUDEAUVILLE (La Rochefoucauld).
M. le Duc de GUÎNES (de Soastres).
M. le Duc de MAILLÉ.
M. le Duc d'ESCLIGNAC (de Preyssac-Fimarcon)

DUCS DU COMTAT VENAISSIN.

(Par diplômes de Chancellerie Pontificale.)

de Montpezat.
de Grammont-Caderousse.
de Caumont-Seytres.
de Phalaris d'Orsan.
de Caylus-Lignerac.
de Grimaldi-Suron.

DUCS ET DUCHESSES
QUI N'ONT POINT D'HÉRITIERS DIRECTS
ET DONT LES TITRES VONT S'ÉTEINDRE.

M. le Duc de COISLIN, Évêque et Prince de Metz.
Mad. la Duchesse douair. de CRÉQUY, LESDIGUIÈRES, etc.
Mad. la Duchesse douairière d'ESTRÉES.
Mad. la Duchesse d'ARPAJON, Comtesse de Noailles
M. l'Abbé Duc de BIRON.
Mad. la Duchesse douairière de ROQUELAURE.
Mad. la Duchesse douairière de la FEUILLADE.
Mad. la Maréchale Duchesse de MIREPOIX.
Mad. la Duchesse de JOYEUSE, Abbesse de Saint-Pierre.
Mad. la Duchesse d'ANTIN, Comtesse d'ESPERNON, Prieure et Coadjutrice de Fontevrauld.

GRANDS D'ESPAGNE FRANÇAIS

Ayant les mêmes honneurs

QUE LES DUCS ET PAIRS DE FRANCE,

EN VERTU DU PACTE DE FAMILLE ENTRE LES DEUX COURONNES.

M. le Duc de Crouy d'Havré, Grand d'Espagne à la création de l'Emp. Charles-Quint.

M. le Comte d'Egmont, par diplôme de l'an 1520.

M. le Comte de Lamarck, 1569.

M. le Marquis de Créquy, 1585.

Mad. la Vicomtesse de Melun, devenue Princesse de Ghistelles, 1640.

M. le Comte d'Armentières, 1671.

M. le Comte de Tessé, 1704.

M. le Comte de Gand, 1706.

M. le Prince d'Hénin-Chimay, 1708.

M. le Comte de Noailles, 1712.

M. le Comte de Buzançais-Saint-Aignan, 1714.

Mad. la Marquise de la Motte-Houdancourt, devenue Marquise de Froulay, 1722.

Mad. la Comtesse Amélie de Bavière, devenue Marquise d'Hautefort, 1725.

M. le Prince de Robecque-Montmorency, 1725.

M. le Prince de Beauvau-Craon, 1727.

M. le Marquis de Cereste-Brancas, 1730.

M. le Vidame de Chartres (Marquis de Saint-Simon), 1731.

M. le Prince de Salm-Kirbourg, 1742.

M. l'ancien Évêque de Rennes, Messire Louis de Guérapin de Vauréal, 1745

M. le Marquis de MAILLEBOIS, 1746.

M. le Prince de MONACO-VALENTINOIS, 1747.

Mad. la Comtesse d'OSSUN, devenue Duchesse de la Force, 1769.

M. le Prince de CHALAIS.....

M. l'Amiral Comte d'ESTAING, 1778.

M. le Duc de DOUDEAUVILLE, 1782.

M. le Duc de CAYLUS, 1786.

L'Éditeur croit devoir ajouter à cet ancienne liste des Grands d'Espagne :

Mad. la Maréchale du MUY.

M. le Prince de MONTMORENCY-TANCARVILLE.

Mademoiselle de SAINT-SIMON, Comtesse de Rasse, etc., par succession du Marquis de Rouvroy-Saint-Simon, dont elle est restée fille unique et seule héritière.

M. le Duc de MIREPOIX, devenu Duc de SAN-FERNANDO, par succession de son beau-père, le Prince-Duc de Laval-Montmorency, qui n'a pas laissé de postérité masculine.

M. le Vicomte de SAINT-PRIEST, Duc d'ALMAZAN, ancien Ambassadeur de France en Espagne.

TABLEAU

DES HONNEURS DE LA COUR DE FRANCE.

RÈGLEMENT DU 30 JUILLET 1759,

Concernant les présentations à la Cour, et les demandes des gentilshommes aspirant à l'honneur de monter dans les carrosses du Roi, afin de le suivre à la chasse.

—

« A l'avenir, nulle Dame ne sera présentée à Sa Majesté, et nul Gentilhomme ne pourra non plus être admis à monter dans ses carrosses et la suivre à la chasse, à moins qu'ils n'aient préalablement produit, devant le Généalogiste de ses Ordres, trois titres établissant chaque degré de la famille du mari, tels que Contrat de mariage, Testament, Partage, Acte de tutelle, Donation, etc., par lesquels la filiation sera établie clairement depuis l'année 1400. »

« Défend Sa Majesté audit Généalogiste d'admettre aucun des Arrêts de son Conseil, et de ses Cours supérieures, ni des jugemens rendus par ses différens commissaires, lors des diverses recherches de Noblesse faites dans le Royaume, et de ne recevoir, par quelque considération que ce puisse être, que des originaux des titres de familles. Et voulant, à l'exemple des Rois ses prédécesseurs, n'accorder qu'aux seules familles qui sont issues d'une Noblesse de race, l'honneur de lui être présentées et de monter dans ses carrosses; Sa Majesté enjoint également à son Généalogiste de ne délivrer aucun certificat lorsqu'il aura connaissance que la Noblesse dont on voudra faire preuve aura pris son principe dans l'exercice de quelque charge de Robe, et d'autres semblables Offices, ou par des Lettres d'anoblissement, exceptant toutefois, dans ce dernier cas, ceux pour qui de pareilles Lettres auraient été accordées à raison de services signalés rendus à l'État, se réservant, au surplus, d'excepter de cette règle ceux qui seraient pourvus de charges de la Couronne ou dans sa Maison, comme aussi les descendans par mâles des Chevaliers de ses Ordres, lesquels seront tenus seulement de prouver leur jonction avec ceux qui auront été décorés desdits Ordres du Roi. »

SEIGNEURS ET DAMES

ENTRÉES DES CARROSSES DU ROI

DEPUIS

LA MINORITÉ DE LOUIS XV JUSQU'A LA RÉVOLUTION DE 1789.

DE 1715 A 1731 (1).

M. le Duc d'ORLÉANS (Régent du Royaume).
M. le Comte de TOULOUSE (légitimé de France).
Mad. la Comtesse de TOULOUSE.
M. le Duc de TRESMES (Potier).
M. le Duc de GÈVRES (Potier).
M. le Duc de CHAROST (Béthune).
M. le Duc de BÉTHUNE (de Béthune-Sully).
M. le GARDE-des-SCEAUX (de Voyer d'Argenson).
M. le CONTROLEUR-GÉNÉRAL (Le Pelletier).
M. le Duc de LA ROCHEFOUCAULD.
M. le PRÉVOT des marchands de Paris (Bignon).
M. le Marquis de BRETEUIL (Le Tonnelier).
M. le CHANCELIER (d'Aguesseau).

---

(1) Il existe environ cent familles françaises d'ancienne extraction qui n'ont pas sollicité les honneurs de la présentation depuis l'année 1715.

Il y a eu plusieurs familles présentées après avoir fourni les preuves exigées par l'ordonnance du 30 juillet 1759, mais dont les noms ne se trouvent pas inscrits sur ces deux listes officielles.

Parmi les noms inscrits sur les deux listes suivantes, il y en a vingt-deux qui ne s'y trouvent portés que *par grâce*, c'est-à-dire avec *dispenses de preuves*, en vertu d'une permission royale, et sans avoir obtenu de certificat du généalogiste des ordres du Roi. Mais ladite grâce n'étant qu'*individuelle*, ne s'est jamais étendue sur les femmes ou les enfans de ces gentilshommes présentés sans preuves et *par exception*. (*Note de l'Auteur.*)

PRÉSENTÉS

Mad. la CHANCELIÈRE.
Mad. la Duchesse de VENTADOUR (Gouvernante du Roi).
Mad. la Comtesse de LA LANDE de CASTEJA (sous-gouvernante).
Mad. la Vicomtesse de VILLEFORT (sous-gouvernante).
M. le Comte de SAINT-FLORENTIN (Ministre). } Phélyppeaux.
M. le Comte de MAUREPAS (Ministre).
M. le Marquis de CROISSY (Colbert).
M. le Marquis de PRIE.
M. le Duc du MAINE (légitimé de France).
M. le Prince de DOMBES, } fils de M. le Duc du Maine.
M. le Comte d'EU,
M. le Marquis de SAINT-GERMAIN-BEAUPRÉ.
M. le Comte de FROULAY.
M. le Duc de BRISSAC (de Cossé).
M. le Maréchal d'ESTRÉES.
M. le Duc de BOURBON (Premier ministre et Prince du sang).
M. le Comte de CHAROLAIS, } Princes du sang royal.
M. le Comte de CLERMONT,
M. le Duc de BOUFLERS.
M. le Duc d'HARCOURT.
M. le Marquis de NISLE (de Mailly).
M. le Comte de COIGNY (Guillot de Franquetot).
M. le Marquis de RUPELMONDE (de Lens-Récourt).
M. le Comte de MONTMORENCY.
M. le Duc de LUXEMBOURG } de Montmorency.
M. le Prince de TINGRY
M. le Marquis de REVEL (Broglio).
M. le Maréchal de VILLARS (Villars).

M. le Duc de Villeroy (de Neuville).
M. le Duc de Retz (Neuville de Villeroy).
M. le Marquis d'Alincourt (Neuville de Villeroy).
M. le Duc de Noailles.
M. le Marquis de Maillebois (Desmarets).
M. le Marquis de Courtenvaux (Le Tellier de Louvois).
M. le Duc de Luynes (d'Albert).
M. le Marquis de la Suze (Chamillart).
M. le Duc de Saint-Aignan (de Beauvilliers).
M. le Duc d'Aumont.
Mad. la Duchesse de Tallard (d'Hostun).
M. le Marquis de Souvré (Le Tellier de Louvois)
M. le Comte de Bavière (légitimé de Bavière).
M. le Duc de Gontaut.
M. le Comte de Guébriant (de Budes).
M. le Duc de Biron (de Gontaut).
M. le Duc de Villars-Brancas (de Brancas).
M. le Comte de Gramont (depuis Duc).
M. le Marquis de Maulévrier (Colbert).
M. le Duc de Durfort.
M. le Marquis de Pontchartrain (Phélyppeaux)
M. le Duc de Lorge (de Durfort).
M. le Comte de Melun (de Melun).
M. le Marquis de Livry (Sanguin).
M. le Comte de Livry (Sanguin).
Mad. la Marquise d'Auxy (sous-gouvernante).
M. le Duc de la Force (de Caumont).
M. le Duc de Ruffec (Rouvroy de Saint-Simon)
M. le Marquis de Besons (Bazin).
M. le Marquis de Puisieux (Bruslard).
M. le Duc d'Épernon (de Pardaillan d'Antin).
M. le Marquis de Fimarcon (de Durfort).

PRÉSENTES.

M. le Marquis de TONNERRE (de Clermont).
M. le Marquis de LANGERON (Andrault).
M. le Marquis de GRANDPRÉ (de Joyeuse).
M. le Marquis de BEUVRON (de Harcourt).
M. le Prince de BOUILLON (de La Tour-d'Auvergne).
M. le Duc de MORTEMART (de Rochechouart).
M. le Comte d'O (d'O).
M. le Duc de RICHELIEU (de Wignerot du Plessix).
M. le Duc de CHAULNES (d'Albert-d'Ailly).
M. le Duc d'OLONNE (Montmorency-Boutteville).
M. le Marquis de MONTMORIN.
M. le Comte de ROUCY (depuis Duc d'Estissac).
M. le Marquis de la FARE (Maréchal de France).
M. le Comte de LAROCHEFOUCAULD.
M. le Duc de La TRÉMOILLE.
M. le Chevalier de La TRÉMOILLE.
M. le Chevalier de ROHAN-SOUBISE.
M. le Duc de PEQUIGNY (d'Albert de Chaulnes).
M. le Marquis d'ANTIN (de Pardailhan-Gondrin).
M. le Duc d'UZÈS (Crussol).
M. le Duc de CRUSSOL.
M. le Comte des Maretz (Dauvet).
M. le Comte de SÉGUR.
M. le Marquis de PELLEVÉ.
M. le Marquis de La VALLIÈRE (de la Baume-le-Blanc)
M. le Chevalier de La VALLIÈRE.
M. le Comte de MONTSOREAU (du Bouchet).
M. le Comte de CHATELLERAULT (d'Harcourt).
M. le Prince de CONTY (Prince du sang royal).
M. le Marquis de BIRON (de Gontaut).
M. le Chevalier d'HARCOURT.
M. le Marquis d'HAUTEFORT.

M. l'Évêque de Rennes (de Vauréal).
M. le Marquis de Pezay (de Courtarvel).
M. le Comte de Rochechouart.
M. le Duc d'Ayen (de Noailles).
M. le Comte d'Ayen.
M. le Cardinal d'Auvergne (de la Tour).
M. le Marquis du Bordage (Coigny).
M. le Duc de Tallard (d'Hostun).

ANNÉE 1732.

M. le Marquis de Charost (de Béthune-Sully).
M. le Duc de Rochechouart.
M. le Comte de Sassenage.

ANNÉE 1733.

M. le Comte de Choiseul.
M. le Duc d'Anville (de La Rochefoucauld).
M. le Marquis de Surgères (de La Rochefoucauld).
M. le Marquis de Fleury (de Rosset).

ANNÉE 1734.

M. le Marquis de Conflans.
M. le Prince de Soubise (de Rohan).
M. le Marquis de Joyeuse.
M. le Marquis de Bissy (Thiars).
M. le Prince de Chalais (Talleyrand).
M. le Marquis de Talleyrand.

ANNÉE 1735.

M. le Duc de Péquigny (d'Albert de Chaulnes).
M. le Marquis de Barbançon (du Prat).

PRÉSENTÉS.

ANNÉE 1756.

Mad. la Marquise de FAUDOAS.
Mad. la Marquise de SASSENAGE.
Mad. la Marquise de FERVAQUES (de Bullion).

ANNÉE 1757.

M. le Duc de ROHAN-CHABOT.
M. le Duc de HOSTUN.
Mad. la Duchesse de BRISSAC (de Cossé).
M. le Comte de GUERCHY (Reignier).
M. le Maréchal Duc de DURAS (de Durfort).
M. le Vidame du MANS (de Vassé).
Mad. la Comtesse de CRUSSOL.
Mad. la Duchesse de SAINT-PIERRE (Spinola).
Mad. la Comtesse de CHATEAU-RENAULT (Rousselet).
Mad. la Marquise de SASSENAGE.
Mad. la Princesse de CHALAIS.
Mad. la Vicomtesse de TALLEYRAND.
Mad. la Princesse de MONTAUBAN (de Rohan).
Milord CLARE (depuis Maréchal de Thomond).
M. le Duc de DURFORT.
M. le Chevalier de Lorge (de Durfort).
M. l'Abbé de CASTEL-MORON (de Belzunce).
M. le Marquis de l'HÔPITAL (de Galluccio).
M. le Marquis de BAUFFREMONT.
M. le Comte de JOYEUSE.
M. le Duc de CRUSSOL.
M. le Marquis de MONTMORIN.
M. le Duc de TALLARD (d'Hostun).
M. le Prince de LÉON (Chabot).
M. le Duc d'AUMONT.

SEIGNEURS ET DAMES

ANNÉE 1758.

Mad. la Princesse de SOUBISE (Rohan).

M. le Duc de NIVERNAIS (Mancini).

Mad. la Duchesse de ROCHECHOUART.

Mad. la Comtesse de RUPELMONDE (de Récours de Lens).

M. le Marquis de LAUZUN (de Gontaut).

M. le Commandeur de CHAMPIGNELLES (de Rogres).

M. le Marquis de TESSÉ (de Froulay).

Mad. la Duchesse de CHATILLON.

Mad. la Marquise de la CHATRE.

M. le Duc de CHATILLON-CHATILLON

M. l'Évêque de MIREPOIX (Boyer).

Mad. la Marquise d'ANCEZUNE (de Cadart).

Mad. la Marquise d'ANDLAU.

M. le Chevalier de TESSÉ (de Froulay).

Mad. la Duchesse d'AUMONT.

Mad. la Duchesse de FLEURY (de Rosset).

Mad. la Duchesse de RUFFEC (Saint-Simon-Rouvroy).

Mad. la Comtesse de SAINT-FLORENTIN (Phélippeaux).

Mad. la Marquise de SÉGUR.

Mad. la Comtesse de MAUREPAS (Phélippeaux).

M. le Prince d'HAVRÉ (de Crouy ou Croy).

M. le Comte d'AGENOIS, puis duc d'Aiguillon (de Wignerot du Plessix).

M. le Duc de FITZ-JAMES.

M. le Duc de LAURAGUAIS (de Brancas).

M. le Marquis d'ANDLAU.

M. le Marquis du MUY }
M. le Chevalier du MUY } (de Félix de Grignan).
M. le Comte du MUY }

M. le Comte de POLASTRON.

PRÉSENTÉS.

M. le Chevalier de CRÉQUY (légitimé de Créquy Canaples).

M. le Comte de PUYSÉGUR (de Chastenet).

ANNÉE 1759.

M. le Marquis de GUERCHY (Reignier).

M. le Marquis de TILLIÈRE (Le Veneur).

M. le Comte de FITZ-JAMES (légitimé Stuart-Berwick).

M. le Vicomte de POLIGNAC (de Chalançon).

M. le Marquis de LISTENAIS (de Bauffremont).

Milord Comte de TYRCONNELL (O'Donnell).

M. le Marquis de FLAVACOUR (de Fouilleuses).

M. le Marquis de BÉARN (Gallard).

M. le Marquis de MOLAC (le Sénéchal de Kercado ou Carcado).

M. le Marquis de CHAVAGNAC.

M. le Comte de MAILLY d'HAUCOURT.

M. le Marquis du CHATELET.

M. le Marquis de POLIGNAC.

M. le Marquis de BAUFFREMONT.

M. le Duc de LÉVIS.

M. le Comte de NOAILLES.

M. le Duc d'ORLÉANS, premier Prince du sang.

M. le Comte de JONSAC (de Lussan d'Aubeterre).

M. le Comte de VINTIMILLE du LUC.

M. le Vicomte du LUC.

M. le Comte de CUSTINE.

M. le Prince de CROY ou CROUY.

M. le Marquis de BOUZOLZ (de Montagut).

M. le Comte d'ESTAING.

M. le Comte de CHEVIÈRES (Mitte).

M. le Marquis de l'HÔPITAL-VITRY (Galluccio).

M. le Duc de Fleury (de Rosset).
M. le Duc de Rohan-Rohan (Rohan-Soubise).

ANNÉE 1740.

M. le Comte de Choiseul.
M. le Marquis de Jonsac (de Lussan d'Aubeterre).
M. le Prince de Monaco (Goyon de Matignon).
Mad. la Comtesse de Brionne (de Lorraine).
Mad. la Duchesse de Lisparre (de Gramont).
M. le Marquis de la Tournelle (de Béon).
M. le Marquis de Royan (de la Trémoille).
M. le Prince de Gavre (Raze).
M. le Chevalier d'Apehier (de la Tour d'Auvergne).
M. le Comte de Rosen (Rosen de Stuchmeist et de Malzaw).
M. le Marquis de Gondrin (de Pardaillan).
M. le Marquis de Pont-Saint-Pierre (de Roncherolles).
M. le Marquis du Luc (de Vintimille).
M. le Marquis de Bouzolz (de Montagu).
M. le Comte de Vintimille-Lascaris.

ANNÉE 1741.

Mad. la Duchesse de Gramont.
Mad. la Comtesse de Melfort (Drummond de Perth).
M. le Prince de Crouy ou Croy.
M. le Comte de Custine.
M. le Marquis de Sabran.
M. le Marquis de Traisnel (Juvenel d'Harville).
M. le Marquis de Fleury (de Rosset).
M. le Comte de Bouzolz (de Montagu).
M. le Marquis de Montagut.
M. le Duc de Ventadour (de Levis-Lautrec).

PRÉSENTÉS.

M. le Prince de Monaco (Goyon de Matignon).
M. le Prince de Montauban (de Rohan-Guémenée).
M. le Baron de Montmorency.
M. le Marquis de Chalmazel (de Talaru).

ANNÉES 1742 et 1743.

Mad. la Princesse de Soubise (de Rohan).
M. le Marquis de Sauzei (Turpin).
Mad. la Duchesse de Lauraguais (de Brancas).
M. le Marquis de Stainville (puis Duc de Choiseul).
M. le Duc de Lauraguais (de Brancas-Villars).
M. le Comte de Montsoreau (du Bouchet).
Mad. la Princesse de Tingry (de Montmorency).
Mad. la Comtesse de Marsan (de Lorraine).
Mad. la Marquise de la Force (de Caumont).
Mad. la Marquise de Flavacourt (de Fouilleuses).
Mad. la Marquise de L'Hôpital-Saint-Mème.
M. le Vicomte de Rohan (Chabot).
Mad. la Vicomtesse de Melfort (Drummond).
M. le Marquis de la Vauguyon (de Quélen).
M. le Marquis de Saint-Hérem (de Montmorin).
M. le Marquis de Froulay.
M. le Comte de Saulx-Tavannes.

ANNÉES 1744 et 1745.

Mad. la Duchesse de Penthièvre (légit. de France).
M. le Marquis de Voyer-d'Argenson.
M. le Prince de Turenne (de Bouillon).
Mad. la Marquise de Pompadour (Poisson).
Mad. la Comtesse d'Estrades.
Mad. la Marquise de Castries (de la Croix).
Mad. la Duchesse de Beauvilliers.

Mad. la Duchesse de Brissac (de Cossé).
Mlle. de Rohan-Soubise (présentée comme Princesse).
Mad. la Comtesse de Maulde.
Mad. la Marquise de Baufremont.
Mad. la Vidame de Vassé.
Mad. la Comtesse de Belzunce.
M. le Comte de Périgord (Talleyrand).
Mad. la Comtesse de Lorge (de Durfort).
Mad. la Marquise de Boufflers.
Mad. la Marquise de Muy (de Félix).
Mad. la Vicomtesse de Champagne-la-Suze.
Mad. la Comtesse de Resnel (de Clermont-Gallerande).

ANNÉE 1746.

M. le Marquis de Pons.
M. le Marquis de Vaubecourt (de Nettancourt).
M. le Comte de Bérenger.
M. le Comte de Moussy-d'Argy.
Mad. la Comtesse de Froulay-Tessé.
Mad. la Comtesse de Ryan (de La Porte).
M. le Marquis de Briqueville.
M. le Comte de Maillebois (Desmarets).
Mad. la Duchesse de Villars-Brancas.
Mad. la Maréchale de Broglie (Broglio).
Mad. la Marquise de Choiseul.
Mad. la Comtesse de Livry (Sanguin).
M. le Comte d'Egmont-Pignatelli.

ANNÉE 1747.

M. le Comte de Périgord (Talleyrand).
M. le Marquis de Fénelon (de Salignac).
M. le Prince de Robecq (Montmorency).

PRÉSENTÉS.

M. le Comte de ROCHEFORT-d'ALLY.
M. le Marquis de CLERMONT-d'AMBOISE.
M. le Duc de MONTBAZON (Rohan).
M. le Duc de BROGLIE.
Mad. la Duchesse de DURAS.
Mad. la Comtesse d'ESTRÉES.
Mad. la Comtesse de BUTLER (sous-gouvernante).
Mad. la Marquise de CIVRAC (de Durfort).
M. le Marquis de VILLEROY (depuis Duc).

ANNÉE 1748.

M. le Marquis de SABLÉ (Colbert).
M. le Marquis de BIERNE.
M. le Comte de ROCHAMBEAU (de Vimeur).
Mlle de CHARLEVAL (depuis Comtesse de Rochechouart).
M. le Cardinal de TENCIN (de Guérin).
M. le Marquis d'ECQUEVILLY (Hennequin).
Mad. la Duchesse d'AGENOIS (de Wignerot).
M. le Comte de FRISE (légitimé de Saxe).
Mad. la Comtesse de SAULX-TAVANNES.
M. le Comte de LUGEAC-LUGEAC.
Mad. la Princesse de CHIMAY (de Bossut).
M. le Marquis de LISLEBONNE (d'Harcourt).
Mad. la Marquise de LÈDE (Dame d'honneur de l'infante de Parme).
M. le Prince de CHIMAY (de Bossut).

ANNÉE 1749.

M. le Duc de LAVAL (Montmorency).
M. le Comte de LAVAL (Montmorency).
Mad. la Baronne de GOUY-d'ARCY.

M. le Comte de RAFFETOT.
M. le Duc de BOUFFLERS.
M. le Marquis de BEUVRON (d'Harcourt).
Mad. la Duchesse d'AYEN (de Noailles).
M. le Baron de GOUY-D'ARCY.
M. le Comte de FOSSEUX (depuis Duc de Montmorency).
Mad. la Marquise de VILLEROY (de Neuville).
M. le Marquis de CRUSSOL.
Mad. la Comtesse de NARBONNE (Lara).
Mad. la Comtesse de BENTHEIM.
Mad. la Marquise de SENNETERRE (de Saint-Nectaire).
Mad. la Comtesse de GRAMMONT-CADEROUSSE.
Mad. la Duchesse de BOUFFLERS.
Mad. la Comtesse de LAMARCK (de Ligne-Aremberg).
M. le Comte de BENTHEIM.

ANNÉE 1750.

M. le Comte de CHOISEUL-D'AILLECOURT.
M. le Comte de MONTBOISSIER.
M. le Marquis de VAUBECOURT (de Nettancourt).
M. le Baron d'HELMSTADT.
Mad. la Marquise de BEUVRON (d'Harcourt).
M. le Comte de SCEY.
M. le Marquis de LÈDE.
M. le Comte de CRUSSOL.
M. le Comte de TALARU.
Mad. la Marquise de VOYER-D'ARGENSON.
Mad. la Marquise d'ECQUEVILLY (Hennequin).
Mad. la Marquise de la SUZE (de Chamillart).
Mad. la Comtesse de COIGNY (Guillot-Franqueot).
Mad. la Comtesse du PLESSIS-CHATILLON.

PRÉSENTÉS.

Mad. la Comtesse de CASTELLANE.
Mad. la Marquise de GUÉBRIANT (de Budes).
M. le Comte d'ESTAING.
M. le Comte de NARBONNE-PELET.
M. le Comte de BROGLIE.
M. le Marquis de SAINT-HÉREM (de Montmorin).
M. le Vicomte de CHOISEUL-MEUSE.
Mademois. de VELDERENT, employées à l'éducation des
Mademois. de BRAQUE, Enfans de France.
M. le Comte de la MARCHE, Prince du sang royal.
M. le Comte de BALBY.
Mad. la Princesse de SOUBISE (Rohan).
M. le Marquis du CHATELET.
M. le Marquis de POYANNE (de Baylens).
M. le Comte de REVEL (Broglio).
M. le Marquis de LAFAYETTE (Mottier).
M. le Comte de LOSTANGE.
Milord DILLON.
Mad. la Marquise de TALARU-CHALMAZEL
M. la Marquise de POYANNE.

ANNÉE 1751.

M. le Prince de HOLSTIN.
M. le Vicomte de BELZUNCE.
M. le Marquis de BRÉHAN.
M. le Comte de GRAMONT d'ASTER.
M. le Prince de CROY.
M. le Baron de VURMSER.
M. le Marquis de GAMACHES (Rouault).
M. le Chevalier de FLEURY (de Rosset).
Mad. la Comtesse de COISLIN (du Cambout de Pont-chasteau).

M. le Comte de Baschi du Cayla.
M. le Marquis de Peguilhan (de Thermes).
M. le Comte de Carcado-Molac (le Seneschal).
M. le Vicomte de Molac.
M. le Baron de Lewenhampt.
M. le Comte de Coislin.
M. le Marquis de Chabrillan (de Moreton).
M. le Comte de Wal.
M. le Chevalier de Brocq.
M. le Comte d'Apchon.
Mad. la Marquise de Choiseul-Beaupré.
Mad. la Comtesse de Civrac (de Durfort).
Mad. la Marquise de Brézé (de Dreux).
M. le Marquis de Rochechouart.
M. le Comte de Flamarens (de Grossolles).
M. le Duc de Mazarin (d'Aumont).
Mad. la Comtesse de Beuzeville (Le Veneur).
Mad. la Marquise d'Esquelbecq (Le Vasseur).
M. le Marquis de Caulaincourt ou Caulincour.
Mad. la Comtesse de Laval (Montmorency).
M. le Marquis de la Salle (de Caillebot).
M. le Comte de Pont-Saint-Maurice.
M. le Chevalier de Bissy (Thiars).
M. le Prince de Condé, prince du sang royal.
Mad. la Duchesse de Mazarin (Durfort-Duras).
Mad. la Comtesse de Noailles.
Mad. la Comtesse de Durfort.
M. le Marquis du Saillant (de Lasteyrie).
M. le Comte de Blot-Chauvigny.
M. le Marquis de Lubersac.
M. le Marquis d'Esparbès de Lussan.
M. la Comtesse de Valentinois (Goyon-Matignon).

PRÉSENTES.

Mad. la Comtesse de MAUGIRON.
M. le Prince de CHIMAY (de Bossut).
M. la Comtesse de BLOT.
M. le Marquis de SANCEO (du Campet).

ANNÉE 1752.

M. le Comte de CAMBIS.
M. le Comte de MAILLÉ.
M. le Comte de la FERRONAYS (Ferron).
M. le Comte d'ENTRAGUES (de Launay).
Mad. la Comtesse de POLIGNAC-POLIGNAC.
M. le Marquis de ROCHECHOUART-FAUDOAS
M. le Prince de ROCHEFORT (Rohan).
M. le Comte de BONAC (d'Usson).
M. le Comte de DURFORT.
M. le Vicomte de DURFORT.
Mad. la Comtesse de SAINT-SAUVEUR (de Grégoyre), sous-gouvernante.
Mad. la Marquise de BELESTAT (de Varagne de Gardouch).
M. le Comte de LANGERON (Audrault).
M. le Comte de SAINT-VITAL, Chevalier d'honneur de l'Infante de Parme.
M. d'ANTOYNE, premier Écuyer de l'Infante de Parme.
M. le Prince d'HENRICHEMONT (de Béthune-Sully).
Mad. la Comtesse d'HENRICHEMONT.
M. le Comte du PLESSIS-CHATILLON.
M. le Duc de CRUSSOL.
M. le Comte de MONTMIRAIL (le Tellier de Louvois).
M. le Marquis de ROCHECHOUART.
M. le Vicomte de MONTEIL.
M. le Comte de SARSFIELD.

4.

M. la Comtesse du VAL-DAMPIERRE.

M. le Marquis de VERNEUIL, introducteur des Ambassadeurs (Chaspoux).

ANNÉE 1755.

M. le Comte de BÉTHUNE d'ORVAL.
M. le Marquis de CLERMONT-SAINT-JEAN.
M. le Comte de LAMETH.
M. le Comte de CANISY (de Carbonnel).
M. le Comte de MATIGNON (Goyon).
M. le Marquis de BARBANTANE (de Puget).
M. le Comte de BOURBON-BUSSET (Bourbon).
M. le Baron de SALLES.
M. le Marquis de HOUDETOT.
M. le Marquis de BEAUCAIRE (de Pechepeyrou).
M. le Marquis de BÉTHUNE.
M. le Comte de BRIENNE (de Loménie).
M. le Marquis de GALIFFET.
Mad. la Princesse de CONDÉ (Bourbon).
Mad. la Marquise de RENTY.
Mad. la Comtesse de GUERCHY (Reignier).
Mad. la Marquise de CASTRIES (de la Croix).
Mad. la Marquise de PAULMY (de Voyer-d'Argenson).
M. la Princesse de SAINT-SÉVERIN (d'Arragon-Bénavidès).
M. le Comte de MONTALEMBERT.
M. la Marquise de CHATEAU-MEILLANT (de Villeneuve)
M. le Comte de COURTAUMER (de Saint-Simon).
M. le Comte de FLAVIGNY.
. le Comte de CHAMBORANT.
M. le Marquis de JUIGNÉ (Leclerc).
M. le Duc de BOUFFLERS.

PRÉSENTÉS.

M. le Comte de Bissy (Thiars).
M. le Marquis de Virieu.
M. le Marquis d'Égreville (Rouault-Gamaches).
M. le Marquis de Conflans.
M. le Comte de Guiscard (de Goth).
M. le Duc d'Antin (de Pardailhan-Gondrin).
M. le Comte de Puiségur (de Chastenet).
Mad. la Marquise de Langeron (Andrault).
M. le Prince de Montbarey (de Saint-Mauris).
M. le Baron de Talleyrand.
M. le Vicomte de Noé.

ANNÉE 1754.

M. le Comte de Lusignan.
Mad. la Princesse de Montbarey (de Saint-Mauris)
Mad. la Duchesse de Beauvilliers.
Mad. la Comtesse de Bassompierre (de Bestein).
M. le Chevalier d'Halwil, *Suisse.*
M. le Comte de Luzignan.
M. le Marquis de Montboissier.
M. le Marquis de La Beaume de Montrevel.
M. le Marquis de Marbœuf (d'Aché)
M. le Comte d'Antigny (Damas).
M. le Marquis de Castellane.
M. le Marquis de Choiseul-la-Baulme.
Milord O'Guitry.
M. le Duc de Coigny (Guillot-Franquetot).
Mad. la Comtesse de Lostange.
Mad. la Maréchale de Mirepoix Lévis).
Mad. la Duchesse d'Olonne (de la Trémoille).
Mad. la Marquise de Valbelle.

M. le Comte de GUINES (de Soastres), depuis Duc.
M. le Marquis de CARVOISIN.
M. le Comte de JEOFFREVILLE (le Danois).
M. le Vicomte de MÉRINVILLE (des Montiers).
Mad. la Comtesse d'AVAREY (de Béziade).
Mad. la Maréchale, Duchesse de BROGLIE
M. le Marquis de la COSTE-MESSELIÈRE.
M. le Marquis de MARIGNY (Poisson).
M. le Marquis de SÉRANT (de Kerfilly), depuis Duc.
M. le Marquis de FORBIN de JANSON.
M. le Comte de GACÉ (Goyon-Matignon).
M. le Comte de TESSÉ (de Froulay).
Mad. la Marquise de la CHATRE.
Mad. la Comtesse de BRANCAS.
M. le Duc de MONTMORENCY.
M. le Marquis de GUITRY (de Chaumont).
M. le Marquis de BRANCAS.
M. le Comte de DONÉZAN (d'Usson).
M. le Marquis de VIBRAYE (Hurault).
M. le Comte d'USSY (Lescuyer).
M. le Marquis de CASTEJA (de Briandos).

ANNÉE 1755.

M. le Marquis de LAURAGUAIS (Brancas).
M. le Comte de BRANCAS.
M. le Commandeur de CRUSSOL-d'AMBOISE.
Mad. la Marquise de MÉRINVILLE (des Montiers).
M. le Marquis de VALBELLE.
M. de WALDNER, Lieutenant-général.
M. le Comte de ROQUEFEUIL.
Mad. la Duchesse de MONTMORENCY.

PRÉSENTÉS.

M. le Comte de Gisors (Fouquet de Bellisle).
M. le Chevalier de Solange (Commandeur de Saint-Lazare).
Mad. la Marquise de Castellane.
Mad. la Comtesse Dauvet.
Mad. Rouillé, femme du ministre.
Mad. la Comtesse de Coigny.
M. le Comte de Lordat.
Mad. la Marquise de Mesmes, Dame de Mesdames.
Mad. la Baronne de Lutzelbourg.
Mad. la Comtesse de La Tour-du-Pin (de la Tour-la-Charce).
M. le Comte de Polignac.
M. le Marquis d'Espagne (de Ramefort).
M. le Prince de Beauvau.
M. le Comte de Montazet (de Malvin).
M. le Duc de la Trémoille.
M. le Marquis de Vibraye (Hurault).
M. le Comte de la Tour-du-Pin.
M. le Comte de Taillefer.

Année 1756.

M. le Marquis de la Tour-du-Pin.
M. le Marquis de Prie.
M. le Duc de Beauvilliers.
M. le Comte de Noé.
Mad. la Comtesse de Tessé (de Froulay)
M. le Comte d'Ayen (de Noailles).
M. le Marquis de Montaynard.
M. le Comte de Mérinville (des Montiers).
M. le Comte de Palun (de Cohorn).

M. le Comte DESCHOISSY.
Mad. la Duchesse de BIRON (de Gontaut).
Mad. la Princesse de CHIMAY (de Bossut d'Alsace).
Mad. la Comtesse de LISLEBONNE (d'Harcourt).
Mad. la Marquise de CHOISEUL-BEAUPRÉ.
M. le Duc de FRONSAC (de Wignerot du Plessix).
Mad. la Vicomtesse de MONTBOISSIER.
Mad. la Baronne de CHOISEUL.
Mad. la Comtesse de CARCADO (le Seneschal).
Mad. la Comtesse de RONCHEROLLES.
Mad. de MACHAULT, femme du ministre.
M. le Comte de LIRÉ (de la Bourdonnaye).
Mad. la Duchesse de ROCHECHOUART.
M. le Marquis de THIANGES (Damas).
M. le Baron de TALLEYRAND.
M. le Marquis de SAINT-SIMON (de Rouvroy).
M. le Prince de HOLSTEIN.
M. le Chevalier d'HAUSSONVILLE (de Clairon).
M. le Comte de BROGLIE.
Mad. la Comtesse de SÉGUR.
M. le Chevalier d'ARNOUVILLE (de Machault).
M. le Chevalier de POLIGNAC (de Polignac).
Mad. la Comtesse de GACÉ (Goyon).
M. le Marquis de BASSOMPIERRE (de Bestein).
Mad. la Princesse de TANCARVILLE (Montmorency).

ANNÉE 1757.

M. le Comte de SURGÈRES (La Rochefoucauld).
M. le Duc OSSOLINSKI, *Polonais*.
M. le Duc de COSSÉ.
M. le Comte de LALLY-TOLLENDALL

PRÉSENTÉS.

M. le Comte de COSSÉ-BRISSAC.
M. d'Hessenstein, Lieutenant-général.
M. le Prince d'ANHALT.
M. le Comte du LAU D'ALLEMANS.
M. le Marquis de SAINT-CHAMANS.
M. le Grand-Prieur de SOUZA, *Portugais*.
Mad. la Marquise de VAUBECOURT (de Nettancourt).
M. le Comte d'USSON (de Bonnac).
Mad. la Marquise de MALESPINA, Dame de l'Infante de Parme.
Mad. la Marquise de DAMAS.
M. le Baron de GRENEVILLE (de Meurdrac).
Mad. la Comtesse de BASCHY de SAINT-ESTÈVE.
M. le Comte de ROUGÉ.
M. le Comte de COIGNY (Guillot-Franquetot).
M. le Vicomte de ROCHECHOUART-FAUDOAS.
M. le Chevalier de LASTIC.

ANNÉE 1758.

M. le Marquis de TALLEYRAND.
M. le Comte de NARBONNE-PELET.
M. le Comte de LUDRE.
Mad. de CHOISEUL, Abbesse de Metz.
Mad. la Duchesse de SAINT-AIGNAN (de Beauvilliers).
M. le Comte d'AVAREY (de Béziade).
M. le Marquis de MAILLY d'HAUCOURT, depuis Duc.
M. le Marquis de FROULAY.
M. le Chevalier de la HAYE, gentilhomme de la Manche.
M. le Chevalier de BEAUJEU, sous-gouverneur.
M. le Chevalier de la FERRIÈRE, sous-gouverneur.
M. le Baron de MONTESQUIOU, gentilhomme de la Manche.

M. l'Évêque de Limoges, Précepteur (du Coëtlosquet).
M. le Comte de Montauban (de la Tour-du-Pin).
M. le Comte de Cucé (de Boisgelin).
M. le Marquis de Belzunce.
M. le Comte de Guiche (de Gramont).
M. le Comte de Lavèbe (d'Hénin).
M. le Chevalier de Bauffremont.
M. le Comte de Précigny (Colbert).
M. le Comte de Mory (de la Myre).
M. le Marquis de Béthune.
Mad. la Marquise de Béthune.
M. le Comte de Lupé.
M. le Marquis d'Autichamp (de Beaumont).

ANNÉE 1759.

M. le Chevalier de Cucé (de Boisgelin).
M. le Marquis de Lévis.
M. le Marquis de Houdetot.
M. le Comte de Boisgelin.
M. le Marquis de Tavannes (de Saulx).
M. le Marquis de Roure (de Beauvoir).
Mad. la Comtesse de Chabannes-la-Palice.
Mad. la Princesse Trivulce, Dame d'honneur de l'Infante Duchesse de Parme.
M. le Duc de Chatillon (de Châtillon).
Mad. la Comtesse de Laval (Montmorency).
M. le Duc de Lauzun (de Gontaut-Biron).
M. le Comte d'Angivillers (Flahaut).
M. le Maréchal de Clermont-Tonnerre.
M. d'Oguinski, *Polonais*.
M. de Branieky, *Polonais*.
M. le Marquis de Seignelay (Colbert).

PRÉSENTÉS.

ANNÉE 1760.

Mad. la Duchesse de CRUSSOL.
Mad. la Duchesse de ROHAN-CHABOT.
Mad. la Marquise de CONFLANS d'ARMENTIÈRES.
M. le Comte de CHABANNES-LA-PALICE.
M. le Comte d'USSON (de Bonnac).
M. le Vicomte de CHABOT.
M. le Prince CAMILLE de ROHAN-ROCHEFORT.
M. le Comte de LUSACE (Prince de Saxe).
M. le Vidame d'AMIENS (d'Albert de Chaulnes).
M. le Comte de JUMILLAC (Chapelle).
Mad. la Comtesse de LUR-SALUCES.
Mad. la Marquise de SÉRAN (de Kerfily).
Mad. la Comtesse du ROURE (de Beauvoir).
M. le Chevalier de BOISGELIN, gentilhomme de la Manche.
Mad. la Comtesse de CASTELLANE.
M. le Vicomte de SINETY, sous-gouverneur.
M. le Vicomte de JONZAC.
M. le Comte de GOUVERNET (de la Tour-du-Pin).
M. le Comte de CHOISEUL-GOUFFIER.
M. le Comte de MONTAUT.

ANNÉE 1761.

M. le Duc de VILLEQUIER (d'Aumont).
M. le Marquis de MONTCLAR (de Noailles).
M. le Marquis de DURAS.
M. le Comte d'ARGOUGES.
M. l'Archevêque-Duc de CAMBRAY.
M. le Duc de CHARTRES (Prince du sang royal).

Mad. la Marquise de DURAS (Durfort).
Mad. la Comtesse de TAVANNES (de Saulx.)
Mad. la Princesse de GUÉMENÉE (Rohan).
M. le Prince de GHISTELLES.
Mad. la Duchesse de COSSÉ.
Mad. la Comtesse de BEAUMONT-BEAUMONT.
Mad. la Comtesse de RIEUX.
Mad. la Marquise de BOISSE.
Mad. la Duchesse de GRAMONT.
Mad. la Comtesse de ROYAN (Montmorency).
M. le Marquis de CHABOT.
Mad. la Comtesse de CLERMONT-TONNERRE.
M. l'Archevêque de BESANÇON (Choiseul).
Mad. la Princesse de MONACO.
Mad. la Baronne de CHOISEUL.

ANNÉE 1762.

M. le Chevalier de COIGNY (Guillot-Franquetot).
M. le Comte d'HAUTEFORT.
M. le Comte de SCEY.
M. le Marquis de BELZUNCE.
M. le Marquis de JUIGNÉ (Le Clerc).
M. le Comte de MARSEILLE du LUC (Vintimille).
Mad. la Duchesse de VILLEQUIER (d'Aumont).
M. le Marquis de LAVÈRE (de Bossut d'Alsace).
M. le Duc de SAINT-MÉGRIN (de Quélen de La Vauguyon).
Mad. la Comtesse de SOMMIÈVRE (de Lescures).
M. le Marquis de TOULONGEON (de Guitaut)
M. le Marquis de TOURZEL (du Bouschet de Sourches).
Mad. la Comtesse de PONS-MIRAMBEAU.
M. le Marquis de MONTMORENCY-LAVAL.

PRÉSENTÉS.

M. le Duc d'Havré (de Crouy).
M. le Comte du Hallay.
M. le Marquis d'Esparbès de Lussan.
M le Marquis de Clermont-Gallerande.
M. le Marquis de Neuvy (de Mellet).

année 1763

M. le Marquis de Duras-Bournonville (de Durfort).
M. le Marquis d'Escars (de Peyrusse).
M. le Marquis de Sparre (Spaarré).
M. le Chevalier de Monteil.
M. le Comte de Vaudreuil (Rigaud)
M. le Chevalier de La Luzerne.
Mad. la Comtesse de Lastic.
M. le Marquis de Goyon (Goyon-Lamoussaye).
M. le Comte de Stainville. (de Choiseul).
M. le Marquis d'Harcourt.
M. le Comte de Vogué.
Mad. la Duchesse d'Havré (de Crouy).
Mad. la Duchesse de Choiseul.
Mad. la Princesse de Chimay (de Bossut d'Alsace).
Mad. la Marquise de Montmirail (Le Tellier de Louvois).
M. le Marquis de Miran.
M. le Comte de Grave (d'Ubers).
Mad. la Marquise de Montmorin.
M. le Baron de Montmorency.
M. le Marquis de Pons.
M. le Duc de La Rochefoucauld.
M. le Marquis de Crenay (de Poilvilain).
M le Prince de Nassau-Sieghen.
M. le Marquis de Rozen (Rozen).

Mad. la Comtesse de JUMILLAC (Chapelle).
Mad. la Marquise de MIRAN.
M. le Comte d'ESTERHAZY.
M. le Marquis de BOUILLÉ.
Mad. la Marquise de VÉRAC (de Saint-Georges).
M. le CASTELLAN-XIESKI, *Polonais*.
Mad. la Comtesse de LÉVIS-CHATEAUMORAND.
M. le Prince de GUÉMÉNÉE (Rohan).
Mad. la Duchesse de COSSÉ.
M. le Marquis de GOUFFIER.
M. le Marquis de CRÉQUY.

ANNÉE 1764.

M. le Marquis de SORAN (de Rosières).
M. le Comte de LORGE (de Durfort).
M. de BRASSAC (Gallard).
Mad. la Comtesse de MAILLY-D'HAUCOURT.
Mad. la Comtesse douairière d'ORNANO-MONTLAUR.
Mad. la Marquise de CUCÉ (de Boisgelin).
M. le Marquis de ROCHECHOUART.
M. le Marquis de DONISSAN-CITRANS.
M. le Comte d'ECQUEVILLY (Hennequin).
M. le Chevalier de LUXEMBOURG (Montmorency).
Mad. la Comtesse de BERCHÉNY.
M. le Marquis d'ARGENTEUIL (le Bascle).
Mad. la Marquise de GÈVRES (Potier).
Mad. la Comtesse de ROUGÉ.
M. le Comte de SAINT-EXUPERI.
M. le Marquis de VESINS (de Lévezoulz-Luzançou).
Mad. la Marquise de SABLÉ (Colbert de Croissy).
Mad. la Duchesse de la TRÉMOILLE.

PRÉSENTÉES

Mad. la Marquise de ROSEN.
M. le Vicomte de BEAUNE (de Montagut).
M. le Marquis de BOUZOLZ (de Montagut).
M. le Marquis de FITZ-JAMES (Stuart de Berwyck).
M. le Chevalier d'HARCOURT.
M. le Marquis de LAVAL (Montmorency).
M. l'Abbé-Prince d'ANDLAU.
M. le Chevalier de FOUGIÈRES (Sous-Gouverneur).
M. le Baron du LIEURAY (Gentilhomme de la Manche).
M. le Vicomte de BAGLION (Gentilhomme de la Manche).
M. le Chevalier de MONTBEL (Sous-Gouverneur).

ANNÉE 1765.

M. le Prince de NASSAU-SAARBRUCK.
M. le Comte d'ESCARS (de Peyrusse).
M. le Comte de BERNIS (de Pierre).
M. le Comte de NAGUT.
M. le Comte d'ADHÉMAR (de Montfalcon).
M. le Marquis de la ROCHELAMBERT.
M. le Comte de MONTÉCLER.
M. le Chevalier de VIRIEU.
M. le Chevalier de CHOISEUL-MEUSE.
M. le Chevalier de BOUFFLERS.
Mad. la Comtesse de LESCURES.
Mad. la Comtesse de LAMETH.
Mad. la Vicomtesse de BEAUNE (de Montagut).
Mad. la Marquise de CHAMPAGNE-LA-SUZE.
Mad. la Duchesse de FRONSAC (de Wignerot du Plessis).
Mad. la Comtesse de STAINVILLE (de Choiseul).
Mad. la Vicomtesse de NARBONNE-PELET.
Mad. la Comtesse de GISORS (Fouquet).

Mad. la Comtesse de BUZENÇOIS (de Beauvilliers).
Mad. la Marquise de PUGET.
M. le Chevalier de PUGET.
M. le Duc de LIANCOURT (La Rochefoucauld).
M. le Chevalier de BERCHENY.
M. le Chevalier de JAUCOURT.
M. le Chevalier de CHASTELLUX (de Beauvoir).
M. le Duc de BEAUVILLIERS.
M. le Comte de CRENOLLE (du Quengo).
M. le Comte de COSSÉ-BRISSAC.
M. la Marquis de MAILLY-d'HAUCOURT.
Mad. la Princesse de KINSKI.
Mad. la Comtesse de TAVANNES (de Saulx).
M. le Comte de SPARRE (Spaarré).
M. le Marquis de CHAUVELIN (Chauvelin).
Mad. la Comtesse de BOURZAC (de la Cropte).

ANNÉE 1766.

M. le Marquis de BÉARN (Gallard).
M. le Vicomte de LAVAL (Montmorency).
M. le Comte Jules de POLIGNAC, depuis Duc (de Chalençon).
M. le Vicomte de la TOUR-DU-PIN (de la Tour-la-Charce).
M. le Chevalier de SPARRE.
M. le Marquis de la ROCHE-du-MAINE (d'Appelvoisin).
Mad. la PRINCESSE de ROCHEFORT (Rohan).
M. le Marquis de ROCHEFORT (du Liscoët).
M. le Comte de SURGÈRE (La Rochefoucauld).
M. le Marquis de SURGÈRE (La Rochefoucauld).
M. le Comte de CAUPENNE.
M. le Marquis de PIMODAN (de la Vallée).

PRÉSENTÉS.

M. le Marquis de VÉRAC (de Saint-Georges).
M. le Marquis de SAINT-CHAMANS.
M. le Marquis de GRASSE.
Mad. la Comtesse de GUICHE (de Gramont).
Mad. la Marquise de VIRIEU.
Mad. la Marquise de NOAILLES.
M. le Comte de MOGES.
M. le Chevalier de FRANCLIEU.
M. le Comte de LOWENDALL.
M. le Marquis du DRESNAY.

ANNÉE 1767.

M. le Comte de MONTCHENU.
M. le Marquis de CHÉRIZY.
M. le Comte d'AFFRY, *des gardes suisses.*
M. le Marquis de CHABRILLAN (de Moreton).
M. le Marquis de CHAMPIGNELLES (de Rogres).
M. le Comte de BASSOMPIERRE (de Bestein).
M. le Marquis d'ESTERNO.
M. le Comte de PONT-BELLANGER (d'Amphernet).
M. le Marquis de TRAISNEL (Juvenel).
M. le Comte de HARVILLE (Juvenel).
M. le Marquis de THIBOUTOT (de Montgommery).
M. le Chevalier de BOUSSEVILLE, premier Écuyer de M. le Prince de Lamballe.
M. le Duc de GÈVRES (Potier).
M. le Comte d'ORNANO, Lieutenant-Général.
M. le Marquis du CHILLEAU.
M. le Marquis de CLARAC.
M. le Comte de SESMAISONS.
M. le Marquis de PARDIEU.

M. le Comte de Genlis (Bruslart).

M. le Comte de Rastignac (de Chapt).

M. le Marquis de Trans (Villeneuve), premier *Marquis de France.*

M. le Marquis de Tilly de Blaru.

M. le Comte de Bourbon-Busset (Bourbon).

Mad. la Comtesse de Montmorin.

M. le Chevalier de Chamilly (Bouton).

M. le Marquis de Moustier.

M. le Prince de Lamballe (Bourbon-Penthièvre).

Mad. la Comtesse de Saint-Mégrin (de Quélen de la Vauguyon).

M. le Marquis de Montsoreau (du Bouschet).

Mad. la Comtesse de Caumont-la-Force.

M. le Marquis de la Rochefoucauld.

Mad. la Duchesse de Beauvilliers.

Mad. la Princesse de Tingry (Montmorency).

Mad. de Chauvelin.

Mad. la Marquise d'Hénin (de Bossut d'Alsace).

Mad. la Comtesse de Trans (de Villeneuve).

Man. la Princesse de Lamballe.

Mad. la Marquise de Gœbriant.

Mad. la Princesse de Croy-Solre.

M. le Marquis d'Apchon.

M. le Marquis de Crillon (Berton).

Mad. la Duchesse de La Rochefoucauld.

Mad. la Princesse d'Henrichemont (de Béthune-Sully).

Mad. la Vicomtesse de Talaru.

M. le Comte de Caumont-la-Force.

M. le Chevalier de Villeneuve, Gentilhomme de la Manche.

Mad. la Princesse de Poix (de Noailles).

PRÉSENTÉS.

M. le Comte du COETLOSQUET, Gentilhomme de la Manche.

M. le Comte de LASTIC, Exempt des gardes-du-corps.

ANNÉE 1768.

M. le Comte de DAMAS-D'ANTIGNY.

M. le Chevalier de COSSÉ-BRISSAC.

M. le Comte de BÉTHISY-MAISIÈRES.

M. le Comte de la FARE.

M. le Comte de CUSTINE.

M. le Marquis d'ÉPINAY-SAINT-LUC.

M. le Comte de MONTMORIN.

M. le Comte de BRIEY.

M. le Marquis de LOUVOIS (Le Tellier).

M. le Comte de BRÉHAN-MAURON.

M. le Comte de WARGEMONT (Fournier).

M. le Comte de MONTBARREY (de Saint-Mauris).

Madem. d'ORLÉANS, Princesse du sang royal.

Mad. la Comtesse de PIGNATELLI.

Mad. la Vicomtesse de LAVAL (Montmorency).

Mad. la Comtesse de THIANGES (de Damas).

Mad. la Marquise de NESLE (de Mailly).

M. le Prince de BERGHES-SAINT-WINOX.

Mad. la Princesse de BERGHES.

Mad. la Marquise du LUC (de Vintimille).

M. le Comte de LA BLACHE (de Falcoz).

M. de HESSENSTEIN, Lieutenant-général.

M. le Comte de GONTAUT-BIRON.

Mad. la Comtesse de MELLET de NEUVY.

M. le Comte de CHASTELLUX (de Beauvoir).

M. le Comte d'OSSUN.

Mad. la Marquise d'USSON

Mad. la Comtesse de Causans (de Vincens)
M. le Commandeur de Laubépine.
Mad. la Duchesse de Melfort (Drummond de Perth).
Mad. la Comtesse d'Argouges.
M. le Marquis de Fleury (de Rosset).
M. le Chevalier de Béarn (Gallard).
Mad. la Marquise de Fleury.
M. le Comte de Brisay.
M. le Comte de Radepont (du Boscq).

ANNÉE 1769.

M. le Chevalier d'Arcy (de Gouy).
M. le Comte de Jaucourt.
M. le Comte de la Tour-du-Pin-la-Charce.
M. le Chevalier de Murinais (d'Auberjon).
M. le Marquis de Tonnerre (de Clermont).
M. le Marquis de Menou.
M. de Waldner, Lieutenant-Général.
M. le Chevalier de Montbel, fils du Sous-Gouverneur du Roi.
M. le Marquis d'Allemans (du Lau).
Mad. la Marquise de Montesquiou.
M. le Vicomte du Barry.
M. le Comte de Montauzier (de Crussol).
Mad. la Duchesse de Chartres (Princesse du sang).
Mad. la Comtesse du Barry.
M. le Vicomte de Bernis (de Pierre).
Mad. la Baronne de Talleyrand.
Mad. la Comtesse Jules de Polignac (de Chalençon).
M. le Marquis de Saint-Simon (d'Esmiers).
M. le Marquis de la Rocheaymont.
M le Baron de Flachslanden.

PRÉSENTES.

M. le Marquis d'ARCAMBAL (des Lacs).
M. le Comte d'OURCHES.
M. le Baron de VALDNER.
M. le Comte de la RIVIÈRE.
M. le Comte de la BOURDONNAYE.
M. le Chevalier de VEZIN (de la Porte).
Mad. la Duchesse de LIANCOURT (La Rochefoucauld).
Mad. la Duchesse de LAUZUN (Gontaut-Biron).
M. le Chevaier de La TOUR-SAINT-QUENTIN.
Mad. la Marquise d'HARCOURT.
Mad. d'INVAU, femme de M. le Contrôleur-Général.
M. le Prince de POIX (Noailles).
M. le Marquis de FUMEL.
M. le Marquis de la SUZE (Chamillart).
M. le Marquis de RIEUX.

ANNÉE 1770.

M. le Comte de CAMBIS.
M. le Comte de CANISY-CARBONNEL.
M. le Comte de VESINS (de Lévezoulx).
M. le Comte de BALINCOURT (Testu).
M. le Comte de BARBANÇOIS.
M. le Comte de GAMACHES (Rouault).
M. le Marquis de COURTEBONNE (de Calonne).
M. le Comte de CHATENAY-LANTY.
M. le Chevalier de SCÉPAUX.
M. le Comte du GUESCLIN.
M. le Duc de LUYNES (d'Albert).
M. le Baron de FUMEL.
M. le Comte de GERBEVILLIERS (de Lambertye).
M. le Comte DILLON.
M. le Vicomte de JUMILLAC (Chapelle).

M. le Marquis de Boufflers-Remiencourt.
M. le Comte de Montboisiser-Canillac.
M. le Comte de la Chastre.
Mad. la Marquise de Soran (de Rosières).
Le Marquis de Lusignan.
M. le Marquis d'Havrincourt (de Cardevacques).
Madem. de Rohan-Guémenée.
M. le Chevalier d'Agoult.
Mad. la Duchesse de Bourbon.
Mad. la Marquise de Luzignan.
Mad. la Marquise de Polignac, dame de Madame la Duchesse de Bourbon.
M. le Comte d'Ailly.
M. le Comte de Russe (de Raffelis).
M. le Comte de Montlezun.
M. le Comte de l'Hopital (Galluccio).
M. le Comte de Toulouse (Minoret du Jonc).
M. le Bailly de Chabrillan (de Moreton).
M. le Comte de Serent (Walsh).
M. le Chevalier du Barry.
M. le Vicomte de Broglie.
Mad. la Duchesse de Villahermosa.
M. le Baron d'Auvergne (légitimé de Bouillon-Turenne).
M. le Chevalier d'Ecquevilly (Hennequin).
M. le Comte de Barbançon (du Prat).
Mad. la Marquise de Montmorency-Laval.
M. le Marquis du Lau-d'Allemans.
M. le Marquis de Langon.
M. le Comte de Quélen.
Mad. la Comtesse de la Myre-Mory, Dame de Madame la Comtesse de la Marche.
M. le Marquis de Gouy-d'Arcy.

PRÉSENTÉS.

M. le Comte de la FERRONNAYS (Ferron).
M. le Comte de LANGEAC (de L'Espinasse).
M. le Chevalier d'ESCARS (de Peyrusse).
M. le Comte de SCHOMBERG.
M. le Commandeur d'ORNANO.
M. le Marquis d'IMÉCOURT (de Vassinhac).
M. le Chevalier de DURFORT.

ANNÉE 1774.

M. le Baron de BRETEUIL (Le Tonnellier).
M. le Comte DAUVET.
M. le Comte d'ASTER (Gramont).
M. le Chevalier de DURFORT.
M. le Chevalier de MONTAUT, Gentilhomme de la Manche.
M. le Chevalier d'HAUTEFORT.
M. le Chevalier de LAVAL-MONTMORENCY.
M. le Prince de SALM-KIRBOURG.
M. le Vicomte de ROQUEFEUIL
M le Vicomte de BOURDEILLES.
M. le Marquis de la RIVIÈRE (de Thibouville).
M. le Marquis de LEVIS.
M. le Comte de JOUSSINEAU de TOURDONNET.
M. le Vicomte de SAULX-TAVANNES.
M. le Comte de CRILLON (Berton).
M. le Comte de la MARCK (de Ligne d'Aremberg).
M. le Chevalier d'ARPAJON (de Noailles).
Mad. la Comtesse de NARBONNE-PELET.
M. le Comte de BLAGNAC (de Durfort-Civrac).
Mad. la Comtesse de FLAMARENS (de Grossoles).
M. le Chevalier de MODÈNE, Gentilhomme d'honneur de MONSIEUR (de Rémond).
Mad. la Marquise d'USSON.

Mad. la Marquise de MONTAYNARD, femme du **ministre.**
Mad. la Marquise de LESCURES-SOMMIÈVRE.
Mad. la VICOMTESSE de SAULX-TAVANNES.
M. le Marquis de SAILLY.
M. de BOYNES, femme du ministre.
Mad. la Comtesse de la TOUR d'AUVERGNE d'APCHIER.
Milord BULKELEY.
Madem. du BARRY (Comtesse à brevet).
Mad. la Marquise de VINTIMILLE.
M. le Marquis du BLAIZEL, Exempt des gardes-du-corps.
M. Comple de BEAUJEU.
M. le Comte de PONTAVICE de ROUFFIGNY.
M. le Marquis de THÉZAN.
Mad. la Comtesse du BOIS-DE-LA-MOTTE (de Cabideuc).
M. le Marquis de CLERMONT d'AMBOISE.
M. le Comte de BOURDEILLES.
M. le Marquis de MONTAIGU (de Montaigu).
M. le Vicomte de VIBRAYE (Hurault).
M. le Comte de RICCÉ.
M. le Comte de LAUTREC (de Saint-Geniez).
M. le Marquis de LAMBERTYE.
M. le Baron de PELLAGRUE.
M. le Comte de NARBONNE (Lara).
M. le Marquis d'ANDIGNÉ.
M. le Chevalier de MOUSTIER.
M. le Marquis de la ROCHEJAQUELEIN (du VERGYER).
M. le Comte de la ROMAGÈRE (Legroing).
M. le Marquis de SAINT-SIMON-COURTOMER.
M. le Baron de CAVANAC (de Ségur).
M. le Marquis de TRÉMIGON (du Liscoët).
M. d'ERLACH, *Capitaine aux gardes-suisses.*
M. le Comte de QUÉMADEUC.

COPIE D'UN MÉMOIRE

PRÉSENTÉ AU ROI EN 1771,

PAR M. LE COMTE DE CROIXMARE,

Écuyer commandant la petite écurie de S. M.

———

Le nombre des chasseurs devient tellement considérable, que la petite écurie du Roi ne sera pas suffisante pour fournir des carrosses à toutes les personnes qui se présentent pour avoir l'honneur de suivre Sa Majesté; chaque jour de chasse, il y a de quarante à cinquante courtisans, et quelquefois bien davantage (samedi 23 février 1771, il s'est présenté soixante-huit chasseurs).

Les Princes se promènent tous les jours : Mesdames de France sortent souvent, et il faut encore donner des chevaux à Madame la Dauphine lorsqu'elle veut chasser accompagnée de ses Dames et de sa maison.

S'il ne paraît pas convenable d'augmenter encore la petite écurie, qui est déjà très-considérable, qui est d'une grande dépense et qui le deviendra davantage encore lorsque l'éducation de Monseigneur le Comte d'Artois va se trouver finie, et que ce jeune Prince voudra chasser accompagné de ses principaux officiers.

Si l'on fixe le nombre des carrosses, les chasseurs qui n'en sont pas moins nombreux se mettent le double de ce que lesdites voitures peuvent contenir, au risque de les briser et de s'estropier eux-mêmes, et si l'on ose le dire, c'est quelquefois d'une façon qui n'est pas décente, car ils se mettent parfois dix-huit ou vingt dans une seule gondole.

Si Sa Majesté était dans l'intention de donner des ordres qui pussent arrêter cette foule qui s'augmente et qui tend à s'augmenter de jour en jour, peut-être le meilleur moyen serait-il que le Roi ne permît de monter habituellement dans ses voitures qu'aux personnes qui composent la Cour soit par les grands titres, soit par les décorations et par les charges éminentes. Mais comme la bonne et ancienne Noblesse du royaume désire se faire connaître de Sa Majesté, ceux qui seraient présentés pourraient avoir permission de faire leur cour à la chasse, sans que le Roi fût dans le cas de les faire porter au rendez-vous. Sa Majesté pourrait néanmoins consentir à ce qu'ils montassent une fois seulement dans ses voitures, afin qu'ils pussent jouir dudit honneur accordé jusqu'à présent à la Noblesse française.

DE PAR LE ROI.

Sa Majesté s'étant fait représenter l'état des personnes de qualité auxquelles elle a accordé l'honneur de monter dans ses carrosses afin de la suivre à la chasse, et ayant reconnu que le nombre s'en est tellement accru depuis quelques années, que les voitures de Sa Majesté ne peuvent suffire à tous ceux qui se font inscrire afin de la suivre, informée d'ailleurs qu'il arrive très-souvent que l'affluence est si grande qu'il entre dans les voitures un beaucoup plus grand nombre de personnes qu'elles n'en doivent contenir, ce qui est également contraire à la décence ainsi qu'à la sûreté de ceux qui s'y placent, à quoi voulant remédier et pourvoir, Sa Majesté ordonne et a ordonné ce qui suit :

ARTICLE PREMIER.

Sa Majesté a fixé à deux le nombre de ses carrosses de suite.

ART. II.

Ceux qui auront des chevaux de la grande ou de la petite écurie, pour suivre Sa Majesté à la chasse, seront préférés à tous les autres pour monter dans ces dites voitures.

ART. III.

Dans le cas où les voitures ne se trouvassent pas remplies par les Seigneurs ou Gentilshommens qui monteront des chevaux de Sa Majesté, elle veut que ceux qui sont dans l'usage de chasser avec leurs propres chevaux puissent se faire inscrire, suivant l'usage, pour avoir place dans les mêmes carrosses.

ART. IV.

N'entend cependant Sa Majesté que le présent règlement puisse empêcher ceux qui voudront aller au rendez-vous de s'y rendre et d'avoir l'honneur de la suivre ainsi que de coutume.

Fait à Versailles le 31 décembre 1771.

Signé LOUIS.

Et plus bas, PHÉLIPPEAUX.

ANNÉE 1772.

M. le Marquis de CAUSANS, Lieutenant du Roi en Provence (de Vincens).

M. le Marquis de PRACONTAL.

M. le Marquis de MAUPEOU, fils du Chancelier.

M. le Comte de ROCQUELAURE, neveu de M. l'Évêque de Senlis (de BOSSUEJOULX).

M. le Duc de MORTEMART.

M. le Marquis de MORTEMART, son frère.

M. le Marquis de MONTAZET (de Malvin).

M. le Comte de BOURBON-BUSSET (Bourbon).

M. le Marquis de PONTEVEZ.

M. le Chevalier de GALIFFET.

M. le Baron de JUMILLAC, fils du Gouverneur de la Bastille (Chapelle).

M. le Comte de BOURSONNE (de Capendut).

M. le Vicomte de CHAZERON (de Monestay).

M. le Commandeur de CRUSSOL.

PRÉSENTÉS.

Mad. la Marquise de Pracontal.

M. le Comte de Balby.

M. le Vicomte de Gain de Montagnac, frère de l'Écuyer de la grande écurie.

M. le Comte d'Albon.

M. le Comte d'Affry, deuxième fils.

M. le Comte de Grosberg (de Bavière).

M. le Marquis de Peyrusse d'Escars.

M. le Vicomte de Lambertye.

M. le Vicomte de la Rocheaymont.

M. le Vicomte de la Blache (de Falcos).

Mad. la Comtesse de Bourdeilles.

Mad. la Comtesse d'Albon.

Mad. la Duchesse de Luxembourg (née d'Argenson).

Mad. la Comtesse d'Harville (Juvenel).

M. le Commandeur de la Chapelle.

M. le Comte du Blaizel, Exempt des gardes-du-corps.

M. la Marquise d'Esterno.

Mad. la Marquise de Rastignac (de Chapt).

Mad. la Comtesse de Boursonne.

Mad. la Princesse de Masseran (Fereira-Fiesque).

Mad. la Marquise de la Rivière.

M. le Comte de la Rocheaymont.

ANNÉE 1775.

M. le Marquis d'Estourmel (Cretou).

M. le Marquis de Mesmes d'Avaux.

M. le Prince de Nassau-Weilbourg.

M. le Duc de Sully (de Béthune).

M. le Chevalier de Raffelis (de Russe).

M. le Comte de Chatenay-Lanty.

M. le Marquis de Moyria.
M. le Chevalier de Rupières.
M. le Vicomte de Castelnau-Castelnau.
M. le Baron du Goulet.
M. le Chevalier de la Queuille.
M. le Comte de Montausier (de Crussol).
M. le Comte de Hunolstein.
M. le Comte de Brachet de Floressac.
M. le Comte de Briges de Malbec, Écuyer de la grande écurie.
M. le Baron de Crussol.
M. le Vicomte de Faudoas (de Rochechouart).
M. le Comte d'Argenteuil (Le Bascle).
M. le Comte de Tourdonnet (de Joussineau), Écuyer de la grande écurie.
Le Marquis de Courbon (de Blenac).
M. le Comte de Moreton-Chabrillan.
M. le Baron de Roffignac.
M. le Chevalier de Jaucourt.
M. le Marquis de Rostaing.
M. le Comte de Gouy d'Arcy.
Mad. de Diesbach, *Suisse.*
M. le Comte de Bérenger.
M. le Chevalier de Rostaing.
M. le Chevalier du Lau.
M. le Comte de Mesnard.
M. le Marquis de Lort de Sérignan.
M. le Comte de la Forest (de Dyvonne).
M. le Comte de Pellagrue.
M. le Vicomte de Baschy.
M. le Comte de Ségur (de Traut).
M. le Comte de Peyre (de Morel).

PRÉSENTÉS.

M. le Comte d'Escorches de Sainte-Croix.
M. le Comte du Mesnil-Simon.
M. le Chevalier de la Musanchère.
M. le Baron de Curières (de Castelnau).
M. le Comte de Pruneley.
M. le Comte d'Orclay de Montamy.
M. le Chevalier de la Tessonnière (Tesson).
M. le Commandeur de Rohan de Polduc.
M. le Marquis de la Rochejaquelein (du Vergyer).
M. le Comte du Deffant.
M. le Marquis de Buffevant.
M. le Comte de Tracy (d'Estutt).
M. le Comte de Verdalle (de Loubens).
M. de Lukner, Lieutenant-Général.
M. le Baron de Diesbach, *Suisse*.
Mad. la Marquise de Salignac (de la Motte-Fénelon).
M. le Comte de Coigny, fils du Duc.
M. le Marquis du Bordage, deuxième fils du Duc de Coingy.
M. le Chavalier de Chatenay-Lanty.
M. le Comte de Créquy (le Jeune de la Furjounière) (1).
M. le Comte de Ségur, fils du Marquis, depuis Maréchal et Ministre de la guerre.
M. le Duc de Bourbon.
M. le Comte de Crenay (de Poilvilain).
Mad. la Comtesse de Chastellux (de Beauvoir).
Mad. la Baronne de Diesbach.
Mad. la Marquise de Créquy (de Créquy).
Milady-Comtesse de Barrymore.

(1) Cette famille a cessé d'être admise à la Cour après la perte de ou procès contre notre maison. (*Note de Mad. de Créquy.*)

M. le Comte de FUMEL.

M. le Comte de SAINTE-HERMINE.

Mad. la Comtesse de DURETAL (la Rochefoucauld).

Mad. la Vicomtesse de NOAILLES (née d'Arpajon).

ANNÉE 1774.

M. le Vicomte de TILLIÈRES (Le Veneur).

M. le Comte de CHAMBORS (la Boixière), fils de l'Écuyer du Roi.

M. le Baron du COËTLOSQUET, Gentilhomme de la Manche.

M. le Vicomte d'IMÉCOURT (de Vassinhac).

M. le Marquis de VIBIEU (Gentilhomme de la Manche.

M. le Chevalier de FITZ-JAMES, deuxième fils du Duc.

M. le Marquis de CARVOISIN.

M. le Comte de LAMBERTYE.

M. le Comte de SAINT-SAUVEUR (de Grégoire).

M. le Chevalier de la FERRONAYS (Ferron).

M. le Marquis de la FAYETTE (Mottier).

M. le Comte de LAMETH.

M. le Comte de TOURNON.

M. le Baron de HELMSTADT.

M. le Prince de CHALAIS, fils de M. le Comte de Périgord.

M. le Marquis de FOLVILLE.

M. le Marquis de ROUGÉ.

M. le Comte d'ALBIGNAC.

M. le Comte du LAU.

M. le Marquis de GOËBRIANT (de Budes).

M. le Comte de BULLION-D'ESCLIMONT.

M. le Comte d'APCHIER.

M. le Comte de LOMÉNIE.

M. le Chevalier du PUGET

PRÉSENTES.

M. le Marquis de COURTOMER (de Saint-Simon).
M. le Comte de MONTAIGNAC de GAIN, ci-devant Écuyer de la grande écurie.
M. le Prince ALEXANDRRE LUBOMIRSKI, *Polonais*.
M. le Marquis de LAIGLE (des Ascres).
M. le Baron de DAMPIERRE (Picot), Capitaine aux Gardes françaises.
M. le Marquis de la BILLARDERIE (Flahaut).
M. le Comte de ROUCY (la Rochefoucauld).
M. le Comte d'ARGENTRÉ, frère de l'Évêque de Tagaste (du Plessis).
M. le Prince SAPIEHA, *Polonais*.
M. le Comte de SAINT-MAIME (de Félix du Muy).
Mad. la Princesse de BOUILLON, née Landgrave de Hesse.
M. le Baron du COËTLOSQUET.
M. le Comte de TURPIN.

ANNÉE 1775.

M. le Vidame de VASSÉ.
M. le Comte de ROUGÉ.
M. le Chevalier DILLON.
M. le Comte de ROCHE-DRAGON.
M. le Comte de VASSY (de Pouilly).
M. le Baron d'ERLACH, *Suisse*.
M. le Comte de PUISIGNIEUX.
M. le Comte de GAUVILLE, Capitaine des chasses de Monsieur.
M. le Comte de la SALLE (de Caillebot).
M. le Comte de MURIAC.
M. le Comte de PODENAS.
M. le Marquis de SOURINAC (de Castelat).

M. le Comte de Béon (la Palu).
M. le Comte de Croixmare.
M. le Comte de Galatin, *Suisse*.
M. le Comte de Gand (Vilain XIV).
M. le Comte d'Oillianson (Williamson).
M. le Comte de Deux-Ponts (légitimé de Bavière).

ANNÉE 1776.

M. le Comte de Charlus (de la Croix de Castries).
M. le Marquis de Mirepoix (de Lévis).
M. le Vicomte d'Houdetot.
M. le Comte de Damas-Crux.
M. le Comte de Mont-Réal (de Tréville).
* M. le Comte de la Guiche.
M. le Comte de Coucy.
M. le Baron de Roll, *Suisse*.
Mad. la Comtesse de Genlis (Bruslard).
Mad. la Marquise de Pracontal.
Mad. la Comtesse de Castries (de la Croix).
Mad. la Comtesse de Canillac (de Montboissier).
M. le Marquis de Lascazes.
Mad. la Comtesse d'Aumale-Aumale.
Mad. la Marquise de Ganges (de Wissec).
M. le Prince de Ligne.
M. le Prince Maximilien de Deux-Ponts (Bavière).
M. le Prince de Hesse-Rothembourg.
M. le Comte O'Kelli, *Irlandais*.
M. le Marquis de Champier.
M. le Comte de Chateignier de la Roche-Posay.
M. le Comte de Ganges (de Wissec).
M. le Comte des Essarts (de Lombellon).
M. le Comte de Merle-d'Ambert.

PRÉSENTÉS

M. le Comte de Maubourg (de Fay de la Tour).
M. le Marquis de Choiseul-Praslin.

année 1777.

M. le Prince de Saint-Mauris, fils de M. le Prince de Montbarrey.
M. le Comte Mac Carty.
M. le Marquis de Fournès.
M. le Vicomte de Guiscard de la Barthe.
M. le Comte Adalbert de Périgord (Talleyrand).
M. le Marquis de Carcado-Mulac (le Sénéchal).
M. le Marquis de Tilly.
M. le Baron d'Yvor-Circourt.
M. le Comte de Sarlabous de Meun.
M. le Marquis de Simiane d'Esparron.
M. le Marquis de Boisse.
M. le Comte de Gramont.
M. le Comte de Choiseul-Praslin.
M. le Comte de Jaucourt.

année 1778.

M. le Comte de la Rochelambert.
M. le Chevalier de Roquelaure, neveu de M. l'Évêque de Senlis (de Bossuejoulx).
M. le Chevalier de Lamoussaye (Goyon).
M. le Duc de Crussol, fils de M. le Duc d'Uzès.
M. le Marquis d'Ouchin de Lougastre.
M. le Vicomte de Valence (de Tymbrune).
M. le Comte d'Avarey, fils du Maître de la garde-robe de Monsieur (de Béziade).
. le Marquis de Rochambeau (de Vimeur).

X   6

M. le Comte de BRIGES, fils du 1er écuyer de la grande écurie.

M. le Comte de MAULEVRIER (Colbert).

M. de SINETY, fils du sous-gouverneur du Roi.

M. le Comte de BOULAINVILLIERS.

M. le Comte de SIMIANE.

M. le Vicomte de BÉTHUNE-HESDIGNEUL.

M. le Comte du ROURE-BRIZON (de Beauvoir).

M. le Comte de BARBANTANE (de Puget).

Mad. la Marquise de BOMBELLES.

Mad. la Comtesse de BERNIS (de Pierre).

M. le Marquis de PUISÉGUR (de Chastenet)

M. le Comte de LAMETH.

M. le Chevalier de LAMETH.

M. le Vicomte de CAUPENNE.

M. le Comte de MONTESQUIOU.

ANNÉE 1779.

M. le Prince de VAUDÉMONT (Lorraine).

M. le Marquis de CHOISEUL-D'AILLECOURT

M. le Comte de BLANGY.

M. le Chevalier de NARBONNE-LARA.

M. le Comte de LEVIS.

M. le Vicomte de MORTEMART (de Rochechouart)

M. le Prince de BROGLIE, fils du Maréchal.

M. le Comte d'ASTER (de Gramont).

M. le Comte de LASTIC-SAINT-JAL.

M. le Comte de SAINT-GEORGES-DE-VÉRAC.

M. le Marquis de la BOURDONNAYE.

M. le Comte de PUISÉGUR (de Chastenet).

Mad. la Marquise de DAMAS.

Mad. la Marquise d'ESTOURMEL.
M. le Vicomte de PUISÉGUR (de Chastenet).
M. le Chevalier du HAUTIER.
M. le Commandeur de MARCELLANGE.
M. le Marquis d'ESCAYRAC.
M. le Marquis de VAUDREUIL (Rigaud).
Mad. la Marquise de ROQUELAURE (de Bossuejoulx).
M. le Comte de GONTAUT-SAINT-GENIEZ.
M. le Comte de GIRONDE.
M. le Marquis de SAINTE-AULAIRE, Officier des gardes-du-corps (de Beaupoil).
Mad. la Marquise de la ROCHELAMBERT.
M. le Comte de MONTALEMBERT.
M. le Comte d'ARGENTEUIL (Le Bascle).
M. le Comte de BRACHET, Exempt des gardes-du-corps.
M. le Comte de MARMIER.

ANNÉE 1780.

Mad. la Comtesse de DEUX-PONTS-FORBACH.
M. le Duc de SULLY (de Béthune).
M. le Baron de ZUCKMANTEL.
M. le Vicomte de LÉVIS (Lévis).
Mad. la Vicomtesse d'IMECOURT.
M. le Vicomte de POLASTRON.
M. le Comte de CROIX.
M. le Marquis de SÉRAN, fils du Gouverneur de Monseigneur le Duc d'Angoulême.
M. le Marquis de la COSTE-MESSELIÈRE.
Mad. la Comtesse d'OSSUN, Dame d'Atours de la Reine.
M. le Marquis d'ESQUELBECQ, Officier des gardes-du-corps (Levasseur).

M. le Chevalier de BUFFEVAN, neveu du Sous-Gouverneur de Monseigneur le Duc d'Angoulême.

M. le Vicomte de ROQUELAURE-BIRAN.

M. le Vicomte de CAULAINCOURT.

Mad. la Comtesse de SOUCY, Sous-Gouvernante (Defitte).

M. le Marquis de CANISY (de Carbonnel).

M. le Comte de LAMBILLY.

Mad. la Marquise de VIRIEU.

Mad. la Marquise de SORAN (de Rosières).

M. le Comte de LIGNÉVILLE.

M. le Chevalier de la PORTE de RIAN.

M. le Chevalier de MONTAIGNAC (de Gain), Chambellan de MONSIEUR.

M. le Marquis de FONTENILLE (de la Roche).

M. le Comte de LAMBERTYE, Exempt des gardes-du-corps.

Mad. la Duchesse de GUICHE (de Gramont

Mad. la Vicomtesse de POLASTRON.

M. le Marquis de LORDAT.

M. le Baron de BEZENVAL, *Suisse.*

M. le Marquis de la FERTÉ-MEUN.

M. le Marquis d'OURCHES.

M. le Comte de LAVŒSTINE.

M. le Comte d'OSMOND (Osmond).

M. le Comte de VILLEFORT (Izarn).

M. le Baron de MONTESQUIOU, fils du premier écuyer.

M. le Marquis d'AUMONT, fils de M. le Duc de Villequier.

M. le Duc de MONTBAZON, fils de M. le Prince de Rohan-Guémenée.

ANNÉE 1781.

M. le Vicomte de VAUX, fils du Lieutenant-général, depuis Maréchal.
M. le Marquis de PREYSSAC.
Mad. la Comtesse de SÉGUR.
M. le Marquis de VILLENEUVE de VENCE.
M. le Comte de CLERMONT-TONNERRE.
M. le Vicomte de COMINGES (d'Astrongues).
M. le Comte de PÉRIGORD (Talleyrand).
M. le Comte Louis d'HAUTEFORT.
M. le Comte de SCÉPEAUX.
M. le Comte de NICOLAY.
M. le Comte de CHAMPAGNY (Nompère).
M. le Marquis d'ABZAC, ci-devant Écuyer du Roi, à la grande écurie.
M. le Comte de COURTARVEL.
M. le Marquis de PUYSÉGUR, frère du Gouverneur de M. le Duc de Bourbon.
M. le Comte de CHALABRE, neveu de l'Évêque de Saint-Pons.
M. le Marquis de SAVARY, Capitaine des carabiniers.
M. le Marquis de SAVONNIÈRES.
M. le Comte de SAINTE-CROIX (de Guilhem-Lodève).
M. le Chevalier de MARGUERYE.
M. le Comte de GOUVERNET (La Tour-du-Pin).
Mad. la Comtesse de SEYSSEVAL.
Mad. la Marquise du ROURE (de Beauvoir).
M. le Marquis de SAINT-BLANCARD (de Gontaut).
M. le Marquis de GRAVE.
M. le Marquis de LORDAT, Gentilhomme d'honneur de MONSIEUR.
M. le Marquis de MORAND.

6.

M. le Comte de VIÉLLA (Labbay).

M. le Vicomte d'AGOULT, Exempt des gardes-du-corps.

M. le Duc de VALENTINOIS (Goyon-Matignon).

Mad. de VILLEFORT, Sous-Gouvernante (Isarn).

M. le Marquis de la TOURETTE (de Rivoire).

M. le Comte de MONTMORIN.

M. le Chevalier de VILLEREAU, Officier des gardes du-corps.

M. le Comte de GESTAS (d'Esperons).

M. le Vicomte d'ABZAC-MAYAC.

M. le Comte de GINESTOUS.

M. le Vicomte de MONTESQUIOU.

ANNÉE 1782.

M. le Vicomte de CHAMBRAY.

M. le Comte de HARCOURT-HARCOURT.

M. le Comte de DURFORT.

M. le Vicomte de LOMÉNIE.

M. le Comte de CHOISEUL-STAINVILLE.

M. le Comte de KERIEUX, ou QUERIEUX.

Mad. la Marquise de LASTIC-SAINT-JAL.

M. le Marquis de TONQUEDEC (du Quengo).

M. le Comte Joseph de MENOU.

M. le Comte d'ESTUERT, ci-devant Écuyer de main du Roi.

M. le Comte de LAAGE (de Volude).

M. le Marquis des ESSARS (de Lombellon).

M. le Vicomte de ROUGÉ.

M. le Comte de CLERMONT-TONNERRE, Exempt des gardes-du-corps.

M. le Comte de DRÉE.

M. le Comte de VENNEVELLE (d Espagne).

PRÉSENTES.

M. le Comte de MOLAC (le Sénéschal de Carcado).
M. le Baron de COSNAC.
M. le Commandeur de FRESLON
M. le Comte d'ADHÉMAR (Brunier).
M. le Comte de BOISSE.
M. le Comte de SAINTE-ALDEGONDE (Marnix).
M. le Marquis du CAYLA (de Baschy).
M. le Marquis de LOSTANGE.
M. le Chevalier de LOSTANGE.
M. le Comte de MEUN (Sarlabous), Lieutenant des gardes-du-corps.
M. le Baron de PIRCH, *Prussien*.
M. le Baron de MACKAU, fils de la Sous-Gouvernante.
Mad. la Vicomtesse de BEAUMONT du REPAYRE.
M. le Comte de JUIGNÉ (Le Clerc), neveu de M. l'Archevêque de Paris.
M. le Vicomte de JUIGNÉ, neveu de M. l'Archevêque de Paris.
Mad. la Marquise de la ROCHE-FONTENILLE.
M. le Comte de PIERREPONT.
M. le Chevalier de MONTESQUIOU.
Mad. la Baronne de MACKAU, sous-Gouvernante.
Mad. la Marquise de SEYSSEVAL.
Mad. la Comtesse de CAUSANS (de Vincens).
M. le Comtesse de Narbonne (Lara).
M. le Comte de ROUGRAVE.
M. le Comte de MORY (de la Myre).
M. le Comte COMMÈNE (Stephanopoulo).
M. le Baron de MONTCHENU.
M. le Comte de TOURETTE, Officier des gardes-du-corps (de Rivoyre).
Mad. la Marquise de BÉON (de la Palu).

M. le Comte de Mauléon, Officier des gardes-du-corps.
M. le Marquis d'Asnières de La Chateigneraye.
M. le Prince Joseph de Monaco (Goyon).
M. le Chevalier de Roll, *Suisse*.
M. le Comte de Chabot-Jarnac.
M. le Marquis de Montbourcher.
M. le Prince de Tarente (de la Trémoille).
M. le Comte du Hautier.

ANNÉE 1785.

M. le Baron de Redding, *Suédois*.
M. le Marquis de Montagu, neveu du doyen de Notre-Dame.
M. le Vicomte de Bourzac (de la Cropte).
M. le Comte de Canillac (de Montboissier).
M. le Comte de Raffetot.
M. le Comte d'Aloigny
M. le Vicomte de Cosnac.
M. le Marquis de Montaigu.
M. le Vicomte de Damas.
M. le Vicomte de Polignac.
M. le Comte de Courcy.
M. le Marquis du Dresnay.
M. le Marquis de Choiseul-Meuse.
M. le Chevalier de Lamoussaye (Goyon).
M. le Comte de Lignerac (Robert).
M. le Comte d'Haraucourt.
M. le Marquis de Bonnay, Officier des gardes-du-corps.
M. le Marquis de Jumillac (Chapelle).
M. le Comte de Croixmare, fils de l'ancien Commandant de la petite écurie.

PRÉSENTES.

M. le Marquis de MARCELLANGE.

M. le Comte de BOURZAC (de la Cropte).

Mad. la Marquise d'ASNIÈRES.

M. le Comte de la VAULX, frère de Mad. la Maréchale de Richelieu.

M. le Comte d'ARCLAIS.

M. le Comte de MALET de la JORIE.

M. le Vicomte de MALET de la JORIE.

M. le Vicomte de MOY.

M. le Comte de TAILLEFER.

M. le Comte de PONTÉCOULANT (Doulcet).

M. le Prince George de HESSE-DARMSTADT.

M. le Comte de GAND (Vilain XIV).

Mad. la Vicomtesse de VINTIMILLE.

M. le Comte de FERSEN, *Suédois.*

M. le Comte de LANGERON (Andrault).

M. le Comte de MÉRINVILLE (des Moutiers).

M. le Chevalier Alexandre de LAMETH.

Mad. la Comtesse de STAINVILLE (de Choiseul).

M. le Commandeur de BATAILLE.

M. le Comte d'AGENOIS, depuis Duc d'Aiguillon (de Wignerot).

M. le Marquis de la FEUILLADE (d'Aubusson).

M. le Comte Henry de SAINT-SIMON (de Rouvroy).

M. le Comte de MANDELOT (Bataille).

M. le Comte de PARNY (de Forges).

M. le Duc de DOUDEAUVILLE (la Rochefoucauld).

M. le Comte de CHATEAUNEUF-RANDON.

M. le Prince de HOHENLOE.

M. le Comte de GRUEL (de Gruyères-Comté).

M. le Comte O'GORSMAN, *Irlandais.*

M. le Marquis de la FERRONNAYS (Ferron).

M. le Comte de BESSE-LA-RICHARDIE.

M. le Comte de BEUZEVILLE-LA-LUZERNE.

M. le Chevalier de SAINT-SIMON (d'Esmiers d'Archiac).

M. le Comte de LINIÈRES.

M. le Comte de GALLARD-BRASSAC.

ANNÉE 1784.

M. le Vicomte de VERGENNES (Gravier), Capitaine des gardes de la Porte.

M. le Comte de CAUMONT de SEYTRES.

M. le Comte d'OURCHES, fils du premier Chambellan de MONSIEUR.

M. le Marquis du PLESSIX d'ARGENTRÉ, neveu de M. l'Évêque de Seez.

M. le Comte Bozon de TALLEYRAND.

M. le Baron de BEAUMONT d'AUTICHAMP.

M. le Vicomte de CAUILLAC (de Montboissier).

M. le Comte d'AYAT.

M. le Comte du LUC (de Vintimille).

M. le Comte de BOISSEULH, frère de l'Écuyer de la petite écurie.

M. le Comte Victor de MENOU.

M. le Vicomte de PRUNELEY.

M. le Marquis de GUITRY (de Chaumont).

M. le Vicomte de SÉRANT.

M. le Baron de CLOZEN.

M. le Marquis DAUVET.

M. le Baron de GALIFFET.

M. le Marquis de MURARD.

M. le Vicomte DAUGER.

M. le Marquis de CHAZERON

PRÉSENTES.

M. le Comte de CHABANNES-CURTON.
M. le Comte Frédéric de CHABANNES.
M. le Comte et M. le Chevalier de CONTADES.
M. le Chevalier du PLESSIS-CHATILLON.
M. le Comte de la TOUR-EN-VOIVRE.
M. le Chevalier de la PORTE (d'Eydoche).
M. le Marquis de la VIEUVILLE-SAINT-CHAMONT.
M. le Comte ARMAND du LAU d'ALLEMANS.
M. le Marquis de CAILLEBOT-LA-SALLE.
M. le Comte Édouard de MARGUERYE.
M. le Comte de CARVOISIN.
M. le Comte PATRICK de WALL.
M. le Comte de PARDIAC-MONTLEZUN.
M. le Vicomte de BÉNÉVENT-RODEZ.
M. le Marquis de QUEROHENT, ou KÉROUAN.
M. le Baron de NAVAILLES (de Labatut).
M. le Vicomte de la BÉDOYÈRE (Huchet).
M. le Comte de TREVELLEC de KERVAL.
M. le Comte Roger de DAMAS.
M. le Comte de LUXEMBOURG (Montmorency).
M. le Marquis de SOURDIS (d'Escoubleau de Montluc).
M. le Comte de LUPÉ du GARANÉ.
M. le Marquis de BOISSEULH.
M. le Chevalier de BOISSEULH.
M. le Chevalier de SAINT-TROPEZ (de Suffren).
M. le Marquis de MONTELZUN.
M. le Comte de CUGNAC.
M. le Comte de MURAT.
M. le Vicomte de VARGEMONT (Fournier).
M. le Baron de GAUVILLE.
M. le Marquis de MONTAIGNAC (de Gain).
M. le Comte d'ORNANO.

M. le Comte d'ÉTHY.

M. le Chevalier de ROOTH-NUGENT, *Irlandais*.

M. le Chevalier de MARNÉZIA (Lezay).

M. le Comte d'OSMOND (Osmond).

M. le Comte de POULPRY.

M. le Marquis d'AUX.

M. le Vicomte de SÉRAN, fils du Gouverneur de M. le Duc de Berry (de Kerfily).

M. le Vicomte Henry de MONTESQUIOU.

M. le Comte d'ÉTAMPES.

M. le Vicomte de TILLY-BLARU.

M. le Comte Charles de DAMAS.

M. le Vicomte de BRICQUEVILLE (de la Luzerne).

ANNÉE 1785.

M. le Comte de VIOMESNIL (du Houlx)

M. le Comte d'AMBRUGEAC (de Valon).

M. le Comte de CHINON, fils du Duc de Fronsac (de Wignerot).

M. le Comte de CAPELLIS.

M. le Comte de NONANT.

M. le Comte du LUB-SALUCES.

M. le Vicomte de CASTELLANE.

M. le Comte de NIEUILE (Ponte).

M. le Marquis de MALVIN.

M. le Marquis de CASTELLANE.

M. le Comte de BROGLIE (Broglio).

M. le Comte de COURTEBONNE (de Calonne).

M. le Comte de LIVRY (Sanguin).

M. le Comte de CRÉNOLLE (du Quengo).

M. le Comte Charles de MENOU.

PRÉSENTÉS.

M. le Comte Hubert DILLON.
M. le Comte de LAIGLE (des ASCRES).
M. le Vicomte de LAIGLE.
M. le Comte de TOURNEMINE.
M. le Comte de BOUILLÉ.
M. le Comte de la MARTHONIE.
M. le Comte STAON, *Danois*.
M. le Marquis de CHAUVELIN, Maître de la garde-robe.
M. le Comte de FOUDRAZ.
M. le Comte d'ÉTHY.
M. le Marquis de RAIGECOURT.
M. le Comte de PORET.
M. le Comte de LUBERSAC.
M. le Baron de LUBERSAC.
M. le Marquis de MESNARD (de la Mesnardière).
M. le Vicomte de CHEVIGNÉ.
M. le Marquis de SAINT-ASTIER.
M. le Chevalier de MONTDION.
M. le Chevalier de LANNOY de CLERVAUX.
M. le Marquis de VALORY de LACÉ.
M. le Comte de NEELLE (de Blainville).
M. le Comte de LUCINGE (de Faucigny).
M. le Comte Arnaud de SOMMERY de FONTELLE.
M. le Marquis de VALADY (Isarn).
M. le Comte de RONCHEROLLES.
M. le Chevalier de La BINTINAYE (Rogon).
M. le Marquis de PIERRECOURT (Lecomte).
M. le Comte de LANNOY-SULMONE.
M. le Comte de la RIVIÈRE (de la Rivière).
M. le Comte de PIRÉ (de Rosnyvinen).
M. le Prince Louis d'AREMBERG (de Ligne).
M. le Marquis du LAU.

M. le Comte de Volonzac (de Matespine).

M. le Comte de Belzunce-Castelmoron.

M. le Comte Hippolyte de Chabrillan (de Moreton).

M. le Comte de Rully.

M. le Comte de Murat de Lestang.

M. le Comte de Saumès.

M. le Marquis de Grouchy.

M. le Chevalier de Sariac.

M. le Comte de Lezouet-Chateau-Giron (le Prestre)

M. le Marquis de Biencourt et Potrincourt.

M. le Comte de Boisdenemets.

M. le Comte des Roys.

M. le Comte Bruno de Boisgeslin.

M. le Vicomte Henry de Belzunce.

M. le Chevalier de Belzunce.

M. le Comte de Botterel-Quintin.

M. le Comte de Kergorlay.

M. le Vicomte de Boisdenemets.

M. le Vicomte de La Palu (de Varambon).

M. le Comte de la Rochelambert-la-Valette

M. le Comte d'Angeville de Lompnes.

M. le Baron de Fook, *Suédois*.

M. le Marquis de Brachet.

M. le Prince Louis de Ligne.

M. le Vicomte de Roncherolles.

M. le Comte de Vauban (Le Prêtre)

Année 1786.

M. le Comte de Leiritz (Lebreton).

M. le Comte de Melfort (Drummond de Perth).

M. le Marquis de Rieux.

PRÉSENTÉS.

M. le Baron de ROFFIAC.
M. le Comte de MONLEART (de Rumont).
M. le Baron d'ASSA:.
M. le Vicomte de TOUSTAIN-RICHEBOUG.
M. le Baron d'HUNOLSTEIN.
M. le Vicomte de BOUILLÉ.
M. le Marquis de LA CONDAMINE (d'Harency).
M. le Marquis de BOISDENEMETS.
M. le Marquis du MESNIL.
M. le Marquis de FOUQUET.
M. le Comte de SIGY (de Roux de Beuil).
M. le Comte de CASTRIES (de la Croix).
M. le Comte Louis de VERGENNES (Gravier).
M. le Prince de REVEL (Broglio).
M. le Vicomte de l'ESPINASSE (Langheac).
M. le Marquis de VILLENEUVE-BARGEMONT.
M. le Marquis de MONTLEARD (de Rumont).
M. le Marquis de ROUX de BEUIL.
M. le Marquis de PONTAVICE de ROUFFIGNY.
M. le Marquis de BEAUMONT (La Boninière).
M. le Comte du CHASTEL.
M. le Comte d'AUBUSSON.
M. le Comte de LA ROCHEFOUCAULD-LIANCOURT.
M. le Vicomte d'ALBON.
M. le Prince de TALMONT (La Trémoille).
M. le Comte Alphonse de DURFORT-BOISSIÈRES.
M. le Comte de LAURENCIN.
M. le Comte de MENILLET (de la Roque).
M. le Comte de MOUSSY (de la Contour).
M. le Vicomte de MÉHÉRENCQ de SAINT-PIERRE.
M. le Comte de MÉHÉRENCQ.
M. le Comte de VESINS (de Lévezoulx-Luzanson).

M. le Vicomte de CARBONNIÈRES.
M. le Vicomte de PARDIEU.
M. le Marquis de LAMBILLY.
M. le Chevalier de DAMPIERRE (du Valk).
M. le Comte du BOSCAGE (de Guillaumanches).
M. le Vicomte du BOSCAGE.
M. le Comte de PIMODAN (de la Vallée).
M. le Comte de MARCONNAY.
M. le Marquis de MARCONNAY.
M. le Chevalier de MURINAIS (d'Auberjon).
M. le Comte de QUATRE-BARBES (de Montmorillon).
M. le Comte de MONTÉCOT.
M. le Comte d'ASTORG.
M. le Comte Alexandre de SAINT-ALDEGONDE (Marnix).
M. le Comte du BOSCQ.
M. le Marquis de MEUN (de Sarlabous).
M. le Comte d'ESCLIGNAC (de Preyssac).
M. le Comte de BALINCOURT (Testu).
M. le Comte de VALORY.
M. le Comte de FLOTTE d'ARGENTON.
M. le Comte d'ALLON.
M. le Chevalier de BIENCOURT.
M. le Comte de CHAMPAGNE (Giffard).
M. le Marquis de VILLERS-LA-FAYE.
M. le Comte de VILLERS-LA-FAYE.
M. le Marquis de CHEVIGNÉ.
M. le Chevalier de MONTCHENU.
M. le Comte Constantin COMNÈNE (Stephanopoulo).
M. le Baron de MALET de ROCHEFORT.
M. le Comte de BONNEVAL.
M. le Chevalier de MONTCHENU.
M. le Marquis de FORGES.

PRÉSENTÉS.

M. le Chevalier de la ROCHEFOUCAULD.
M. le Comte d'AMBLY.
M. le Baron de LESCURE.
M. le Commandeur de GINESTOUS.
M. le Chevalier de GALLARD-TERRAUBE.
M. le Marquis d'OPPÈDE (de Forbin).
M. le Marquis de LINARS (de Gain).
M. le Comte de MAULÉON.
M. le Comte de SOLMINIAC (d'Estut).
M. le Comte de ROLLAC, *Suisse*.
M. le Marquis de CHATEAUBRUN (de Forges).
M. le Marquis de GESTAS (Betoux).
M. le Vicomte de SÉGUR-MONTAZEAU.
M. le Comte de SCEY.
M. le Comte de CHABOT.
M. le Vicomte de LANDE-SAINT-ÉTIENNE.
M. le Chevalier de PARNY (de Forges).
M. le Chevalier de CARBONNIÈRES.
M. le Baron de MESNARD (de la Mesnardière).
M. le Chevalier de La ROCHELAMBERT.
M. le Comte Xavier de SCHOMBERG.
M. le Comte du HAGET de VERNON, Colonel d'infanterie de Chartres.
M. le Marquis de RIGAUD.
M. le Comte François de la PALLU.
M. le Vicomte de MONGON (de Beauvergier).
M. le Marquis de MONTFERRAND.
M. le Marquis du SAILLANT (de Lasteyrie).
M. le Comte ESTERHASY.
M. le Vicomte de VANNOISE (d'Amfreville).
M. le Comte de CAYLUS (Robert de Lignerac).
M. le Baron d'ESPARBÈS de LUSSAN.

M. le Vicomte de Valon d'Ambrugeac.
M. le Marquis de Lyons.

ANNÉE 1787.

M. le Comte de Renault.
M. le Chevalier de Robien.
M. le Marquis d'Arbouville.
M. le Comte de la Mousse (Juvenel de Traisnel).
M. le Baron de Bois d'Aisy.
M. le Comte de Dyvonne.
M. le Marquis de Dreux-Brézé.
M. le Comte de Faucigny-Lucinge.
M. le Prince de Carency (de Quélen de La Vauguyon).
M. le Chevalier d'Abzac, ci-devant écuyer du Roi.
M. le Marquis de Chabannes-Lapalisse.
M. le Vicomte de Clermont-Tonnerre.
M. le Chevalier de Maulévrier (Colbert).
M. de Montault (Saint-Sivie du Saumont).
M. le Baron de Saint-Marsault (Green).
M. le Baron de Saint-Marsault-Chatelaillon.
M. le Chevalier de Chateaubriand.
M. le Vicomte d'Hautefeuille (Texier).
M. le Chevalier de Grille, Officier des gardes-du-corps.
M. le Comte du Saillant (de Lasteyrie).
M. le Chevalier de Blangy.
M. le Marquis de Gizeux (de Contades).
M. le Comte Théobald Walsh.
M. le Vicomte de Ruffo (de Roux).
M. le Comte de Chauvigny (de Blot).
M. le Comte François de Toustain-Viray.
M. le Marquis de Brossard.

M. le Vicomte de VIOMESNIL (du Houlx).

M. le Marquis de la PORTE-de-VEZIN, Chef d'escadres.

M. le Vicomte de CHANNAC (de Lanzac).

M. le Chevalier de VALORY.

M. le Comte Alexandre de TILLY-BLARU.

M. le Comte de BARBANÇOIS.

M. le Chevalier de BARBANÇOIS.

M. le Marquis de GRAMMONT-FALON.

M. le Marquis de BONFONTAN, Membre de l'assemblée des Notables, en sa qualité de premier Capitoul-Gentilhomme de la ville de Toulouse, ayant fait, ainsi que les autres personnes présentées, ses preuves de noblesse au cabinet des ordres du Roi.

M. le Marquis de la FERTÉ-MEUN.

M. le Baron de la CHATRE.

M. le Comte de La ROQUE-BOUILLAC.

M. le Comte Auguste de LAMBERTYE.

M. le Comte FOULQUES de MONTCHENU.

M. le Comte Alexandre de PARABÈRE (de Baudéan).

M. le Baron d'AUSTRUDE.

M. le Comte Florian de KERGORLAY.

M. le Marquis de La ROCHE-SAINT-ANDRÉ.

M. le Chevalier de La ROCHE-SAINT-ANDRÉ.

M. le Marquis de FONTANGES (d'Escorailles).

M. le Chevalier de ROLLAT, *Suisse*.

M. le Marquis de CARVOISIN.

M. le Comte de LORGE (de Durfort).

M. le Comte de PARROY (Gentil).

M. le Comte de la BOURDONNAYE.

M. le Comte de SAINT-PERN-LIGOUYER.

M. le Marquis de SAINT-MAURIS-CHATENOY.

M. le Comte de la PANOUSE.

M. le Marquis de Baily.

M. le Marquis de Gras-Préville.

M. le Vicomte d'Aurelle.

M. le Marquis d'Andigné.

M. le Baron d'Allonville, frère du Sous-gouverneur de M. le Dauphin.

M. le Comte d'Aiguirande.

M. le Comte de la Motte-Barracé.

M. le Marquis de Sennones (de La-Motte-Barracé).

M de Ferette, Commandeur de Malte.

M. le Marquis de Sussy de Meslay.

M. le Chevalier de Grénedan-du-Plessis.

M. le Comte d'Avaugour (de Bellouan).

M. le Comte de Botdéru.

M. le Comte de Voisins (de Gélas d'Ambres).

M. le Comte de Charry (Desgontes).

M. le Comte de Barrin.

M. le Prince de Croy-Solre.

M. le Comte de Custine.

M. le Baron de Livron, Inspecteur-général de cavalerie.

M. le Marquis de Cambis.

année 1788.

M. le Comte O'Mahony.

M. le Comte O'Connel.

M. le Comte du Boberil de Cherville.

M. le Comte de Lamoignon.

M. le Comte Armand d'Allonville.

M. le Chevalier Antoine d'Allonville.

M. le Comte de Saintignon (Pol).

M. le Comte de Kerisouet (Gibbons).

PRÉSENTÉS.

M. le Comte d'ARCES.

M. le Marquis du PUY-MONTBRUN.

M. le Comte de VAULX.

M. le Marquis de MAILLÉ, fils du Duc.

M. le Comte de Charles de RAIGECOURT.

M. le Marquis de TRAVERSAY (Prévôt de Sansac).

M. le Chevalier d'ASSAS de MONDARDIER.

M. le Marquis de VOISINS-LAUTREC (de Gélas).

M. le Comte Gaspard d'HOFFELISE.

M. le Vicomte de FOUCAULT-PONT-BRIANT.

M. le Chevalier de CAILLEBOT de LA SALLE.

M. le Comte de LUSSAC.

M. le Comte de LOZ.

M. le Vicomte MAC CARTHY.

M. le Comte de VILLENEUVE-BARGEMONT.

M. le Comte de TINTÉNIAC.

M. le Comte de CHABRILLAN.

M. le Chevalier du LAC.

M. le Comte Victor de VIBRAYE (Hurault).

M. le Comte de SORANS (de Rosières).

M. le Marquis de CIVRAC, deuxième fils du Duc de Lorge.

M. le Comte de GOURJAULT.

M. le Comte de LAUDUN.

M. le Comte de TOURDONNET (de Joussineau), Maître de la garde-robe de M. le Comte d'Artois.

M. le Comte de VICHY.

M. le Comte de TOUCHIMBERT (Prévost).

M. le Comte de BÉRENGER, fils du Chevalier d'honneur de MADAME.

M. le Vicomte de la RIVIÈRE-PRÉDANGE.

M le Vicomte de BONNE.

M. le Comte de CHALONS (Hardouin).

M. le Comte de Rainscours.

M. le Marquis de Cheffontaines (Penfenténio).

M. le Chevalier de Corn.

M. le Baron de Pontavice ; le Roi lui a permis de ne pas aller au rendez-vous.

M. le Marquis de Fleury, petit-fils du Duc.

M. le Vicomte de Romanet.

M. le Vicomte de Chiffrevast (de Danneville).

M. le Vicomte Henry de Cermadec.

M. le Marquis de Bavalan (de Quifistre).

M. le Comte de Kervignaset (d'Estuert).

M. le Chevalier de Faydit de Tersac.

M. le Marquis de Balivière (le Cornu).

M. le Comte du Parc de Barville.

M. le Comte de Blaizel

ANNÉE 1789.

M. le Vicomte de Pins.

M. le Marquis du Chaponay-Morançay.

M. le Duc de la Force (de Caumont).

M. le Comte Charles de Maillé.

M. le Comte de Fontette-Sommery.

M. le Marquis de Bellegarde (du Pacq).

M. le Marquis de Murat de Lestang.

M. le Chevalier de Corn du Peyroux.

M. le Comte d'Astorg.

M. le Marquis de Bayly, ancien Colonel du régiment de Bayly, cavalerie.

M. le Baron d'Harambure, Brigadier des armées du Roi.

M. le Vicomte Joseph de Narbonne-Lara.

M. le Baron de Vaux.

PRÉSENTÉS

M. le Vicomte de CARAMAN (Riquet).
M. le Chevalier MAURICE de CARAMAN.
M. le Marquis de BONNEVAL.
M. le Baron du MERLE de BLAMBUYSSON.
M. le Vicomte de VASSAN (Aubry).
M. le Comte de CHAMISSO.
M. le Comte de TOUSTAIN-LIMESY, Député de la Noblesse.
M. le Vicomte de MOGES.
M. le Marquis de TOURZEL (du Bouchet de Sourches).
M. le Vicomte de TURPIN de JOUHÉ, Capitaine de vaisseau.
M. le Baron de PIMODAN (de la Vallée).
M. le Marquis de LASTOURS, Aide-major des gardes-du-corps (de David).
M. le Chevalier de CHABRILLAN (de Moreton).
M. le Chevalier de SAINTE-HERMINE.
M. le Baron de NEDONCHEL, Maréchal des camps et armées.
M. le Chevalier de la TOURETTE (de Rivoyre).
M. le Comte de BELLOY.
M. le Baron de SAINT-CHAMANS.
M. le Marquis de CRENAY (de Poilvilain).
M. le Comte de KERCADO ou CARCADO (Le Sénéchal).
M. le Chevalier de la MYRE-MORY.
M. le Vicomte de la LUZERNE, fils du Ministre.
M. le Comte Hector de MONTAYNARD.
M. le Comte de la BRIFFE, du régiment du Roi.
M. le Chevalier de la GARDE-SAINT-ANGEL, du régiment des gardes-françaises.
M. le Comte de FICQUELMONT.
M. le Vicomte de la BRETONNIÈRE (Le Couldre).
M. le Comte de MURAT de VERNINES.

M. le Marquis de RAFFINS.
M. le Comte de VASSELOT.

ANNÉE 1789.

M. le Comte de NOAILLES.
M. le Chevalier de SAINT-SIMON (d'Esmiers d'Archiac).
M. le Vicomte de SARTIGES.
M. le Vicomte d'ALTIER (de Born).
M. le Chevalier de MÉNIDAN (Roget).
M. le Comte de la GALISSONNIÈRE (Barrin).
M. le Chevalier d'Ouilly (Le Gendre).
M. le Comte du DOGNON de SAINT-QUENTIN.
M. le Marquis d'AULAGUERRE (de Pins).
M. le Chevalier de LAFONT de PLÉNOVE.

LISTE DES GENTILSHOMMES

QUI ONT FAIT LEURS PREUVES DE NOBLESSE AU CABINET DE L'ORDRE DU SAINT-ESPRIT, POUR ÊTRE PRÉSENTÉS A LEURS MAJESTÉS, MAIS QUI N'ONT PAS JOUI DE CET HONNEUR, PAR L'EFFET DE LA RÉVOLUTION DE 17.

MESSIEURS,

De l'AGE de la BRÉTOLLIÈRE, en Poitou.
D'ALÈS-D'ANDUSE de BOISSE et du BOUSCAUT, en Languedoc.
D'ANTIN, en Bigorre.
De BARBOTAN, en Guienne.
De BIANCHI, originaire d'Italie.
De BOISSIÈRE, en Bretagne.
De BOIS-BAUDRY, en Bretagne.
Du BOIS-DES-COURS de la MAISONFORT, en Anjou.
De BOISSÉ de COURCENAY, en Berry.
De BONGRENET de la TOCNAY, en Bretagne.
De BOURIGAN du PÉ, en Bretagne.
Du BOUZET, en Guienne.
BRILLET de CANDÉ, en Touraine.
De CASTILLON, en Guienne.
De la CELLE, en Marche.
De CHARDONNAY, en Beauce.
Du CHATEAU, en Bourbonnais.
De MOËLIEN, en Bretagne.
De MOISSON de PRÉCORBIN, en Normandie.

ANCIENNES FAMILLES

Messieurs,

De Monspey, en Bresse.
Le Noir de Pas-de-Loup, en Poitou.
De Nossey, en Poitou.
De Noaillan, en Condomois.
D'Orlan de Polignac, en Languedoc.
De Patras de Campagne, originaire de Guienne, établi en Picardie.
Le Pellerin de Gauville, en Normandie.
De la Planche de Ruillé, en Bretagne.
Du Poulpiquet du Halgouet, en Bretagne.
De Pujol, en Guienne.
De Rastel de Rocheblave, en Dauphiné.
De Renaud de Cordebœuf de Montgon, en Auvergne.
De Riencourt, en Picardie.
De Rossilly, en Bretagne.
De Thépault du Bregnon de Kergorlay, en Bretagne.
De la Tour-Landorte, en Comminges.
De la Tulaye, en Bretagne.
D'Uhart, en Navarre.
De Vanssay, au Maine.
De Vielmaisons, en Normandie.
De Waters, originaire d'Irlande.
De Chevenon de Bigny, en Nivernais.
De Clinchamp, au Maine.
Du Couédic, en Bretagne.
De Coulibeuf de Blocqueville, en Normandie.
De Dieusy, en Anjou.
De Fagan, originaire d'Irlande.
De Falletans, en Franche-Comté.
De Fera de Saint Phal, en Champagne.
De Flotte, en Bretagne.

Messieurs,

De la FRUGLAYE, en Bretagne.
De la GRANDIÈRE, en Anjou.
De GUERPEL, en Normandie.
Du HAUSSAY, en Normandie.
De HAUTPOUL, en Languedoc.
De la HAYE, en Normandie.
De KERGARIOU, en Bretagne.
De LANCRY de PRONLEROY, en Picardie.
De la LANDELLE, en Bretagne.
De LANTIVY, en Bretagne.
De LENTILHAC-SÉDIÈRES, en Quercy.
De MALVIN, en Languedoc.
Des MARES de GRAINVILLE, en Normandie.
Le METAËR de HOURMELIN, en Bretagne.

ANCIENNES MAISONS QUI SONT ENTRÉES

NOBLESSE DE MAGISTRATURE.

MAISONS D'ANCIENNE NOBLESSE
AYANT QUITTÉ L'ÉPÉE POUR LA ROBE,

Ou bien ayant occupé temporairement des charges de judicature.

De Bourbon-Vendome.
De Bourbon-la-Marche.
De Dreux-Baussart
De Luxembourg
De Rohan-Polduc.
De Mailly.
De Beauvau.
De Saveuse.
De Scépeaux.
De Bailleul.
De Mornay.
D'Orgemont.
De Morvilliers.
De Marle.
Hurault de Cheverny
De Hablay.
De Pontac.
De Milon.
D'Argouges de Rannes.
Talon.
De Longueil de Maisons.

De Mesmes d'Avaux.
De Dreux-Brézé.
De Voyer de Paulmy d'Argenson.
De Bragelogne.
De Bullion-Fervaques.
Hocquart.
De Salvaing de Boissieu.
D'Oraizon.
De Brosse.
De Forbin d'Oppede.
De Félix du Muy de Grignan de Saint-Maime.
D'Albertas.
De Montbourcher.
De Marbeuf.
De Karnavalet-Ploëuc.
De Charette-Monthébert.
De Cornullier.
De Caradeuc-la-Chalottais.
De Guignard-Saint-Priest.
De Guilhem de Montréal d'Arbrisselles.
De Montlaur d'Argens.
De Ficquelmont.
De Monstrelet du Quesnoy.

ANCIENNE NOBLESSE DE ROBE,
COMPOSÉE DE XXVIII FAMILLES
AYANT EXERCÉ LA MAGISTRATURE AVANT LE XVe SIECLE,
Soit aux Plaids de l'hôtel du Roi,
SOIT AU PARLEMENT DE PARIS RENDU SÉDENTAIRE ET DEVENU LE SIÉGE DE LA COUR DES PAIRS, EN 1285.

BOYLESVE, 1212 (un Grand Justicier de Jérusalem en 1246 (1).

ANJORRANT, 1249 (un Vicomte-Palatin de Brie en 1258).

PASTOREL ou PASTORET, 1225 (un co-Régent du royaume en 1580) (2).

DE MONTIGNY, dit LE BOULLENGER, 1257 (un Grand-Pannetier de France et deux Chevaliers de l'Ordre au XVe siècle).

FERRAND (un Chancelier de France en 1528).

BARTHÉLÉMY de LOMPERRIER, 1260 (un Grand-Prévôt Royal en 1402).

BRISSON, 1292 (un Souverain Précepteur de la Milice du Temple en 1304).

DU BOSCQ D'ESMANDREVILLE, aujourd'hui de RADEPONT (un Chancelier de France en 1597).

LE JAY, 1202 (un Grand-Amiral de Rhodes en 1509).

SCARRON de VAURES, aujourd'hui d'ILLIERS, 1542 (un Prince-Évêque et un Grand-Amiral du Ponant en 1660).

DE GAYANT de VARASTRE, 1542 (un Grand-Maître de l'Ordre de Saint-Lazare en 1587).

---

(1) On mentionnera les dignités magistrales à défaut d'autres illustrations nobiliaires. (*Note de l'Auteur.*)

(2) La même famille a produit un Chancelier de France et de l'ordre du Saint-Esprit, Tuteur des Enfans de France, en 1831. (*Note de l'Éditeur.*)

De Longhejoue d'Jyverny, 1560 (un Garde-des-Sceaux de France).

Nicolaï, 1564 (un Maréchal de France en 1775).

De Thou, 1569 (deux Premiers Présidens et trois Présidens à Mortier au Parlement de Paris) (1).

Larcher d'Esternay d'Arcy, 1412 (un Abbé-Général de Citaux et trois Grands Baillifs d'Épée).

De Berulle de Sérilly, 1415 (un Cardinal, Fondateur de l'Oratoire en 1611).

De Mareuil, 1440 (un Pro-Légat Arch. et béatifié en 1470).

Brissonnet de Leufville, aujourd'hui d'Auteuil (un Cardinal Duc et Pair et Chancelier de France en 1495).

Becdelièvre de Quévilly et de Cany (un Chevalier de l'Ordre en 1444).

De Rochefort de Jarzé (un Cheftaine Général de la Noblesse de France à l'arrière-ban de 1503).

L'Arbaleste de Melun (un Vice-Grand-Maître et Grand Chancelier de l'Ordre de Saint-Lazare).

Le Lieure (un Grand-Baillif d'Épée, Chevalier de l'Ordre en 1560).

De Gassion (un Maréchal de France en 1643).

Lhuillier de Manicamp (un Commandeur de Rhodes, dès l'année 1491).

Phelyppeaux de Pontchartrain de Maurepas et de Saint-Florentin-la-Vrillière (un Chancelier, un Garde-des-Sceaux de France, un Duc à Brevet et sept Ministres d'État).

De Montholon (un Garde-des-Sceaux, Grand Chancelier des ordres du Roi).

De Maupeou de Morangiès d'Ableiges (un Chancelier de France en 1770).

(1) Il en reste encore une branche en Rethellois, dont le chef Vicomte de Pont-Saint-Maxence. (*Note de l'Auteur.*)

PRINCIPALES FAMILLES ANNOBLIES

DANS LES FONCTIONS JUDICIAIRES,

A PARTIR DU XVe SIÈCLE JUSQU'A NOS JOURS.

JUVENEL de TRAISNEL, *dit* des URSINS (un Chevalier de l'Ordre, en 1446) (1).

DAUVET des MARETS (IV Grands-Fauconniers de France, deux Chevaliers du Saint-Esp t, un Grand-Prieur de Malte, etc.).

LESCALOPIER.

PASQUIER.

BRUSLART de SILLERY de PUYSIEUX de GENLIS.

D'ALIGRE ou de HALIGRE (titrés Barons dès l'année 1490).

DE MARILLAC (un Maréchal de France en 1652).

HENNEQUIN d'HACQUEVILLE et d'ECQUEVILLY (un Chevalier du Saint-Esprit en 1670).

BIGNON de LISLEBELLE.

Le FÈVRE de CAUMARTIN (un Grand-Prieur de Malte en 1700).

De LAMOIGNON de BASVILLE et de MALESHERBES.

Le FÈVRE d'ORMESSON, d'EAUBONNE, d'AMBOYLE et de NOISEAU.

SÉGUIER (un Duc et Pair, *de Villemor*, en 1650.

Le COIGNEUX de BACHAUMONT, aujourd'hui de BELLABRE.

De MÉLIAND de CHOISY.

---

(1) On ne mentionne ici que leurs illustrations extra judiciaires.

Le Tonnellier de Breteuil.
Bochard de Champigny de Noroy de Sarron.
Tardieu.
Coquille de Romenay, de Savigny, de Bissy, etc.
Thiars de Bissy (un Cardinal en 1714).
Molé de Champlastreux.
Boucherat.
De Verthamont.
Cattinat de Croisilles (un Maréchal de France).
D'Aguesseau de Frèsnes (qualifiés Barons en 1685).
De Barentin (créés Vicomtes en 1725).
Amelot de Gournay (titrés Marquis dès l'année 1592).
De Fleuriau d'Armenonville (un Chevalier de la Toison-d'Or en 1752).
Turgot de Sousmont.
De Machault d'Arnouville et de Garges.
De Pommereu.
Du Trousset d'Héricourt (créés Marquis en 1748).
Doublet de Persan.
Pinon de la Grange-Bastelierre.
De Beauharnois (créés Comtes en 1760).
Portail du Vaudreuil de Noaillé.
Le Pelletier de Rosambo, d'Aulnay de Saint-Fargeau, des Forts, etc.
Feydeau de Marville et de Brou.
Joly de Fleury.
Leschassier de Méry.
Rouillé d'Orfeuil.
De Faulcon de Ris,
Le Rebours de Maisières et de Prunele.
Guillot-Franquetot de Coigny.
Hue de Miromesnil.

Camus de Pontcarré.
De Labriffe d'Amilly.
Godard de Belbœuf.
Hérault de Saint-Marc et de Séchelles.
Le Tardif de Martainville et de Gomerville.
Le Franc de Pompignan (un Archevêque de Vienne).
Fremyot de Bourbilly (la Bienheureuse de Chantal).
Bossuet de Salvert (l'Illustre Évêque de Meaux).
Richart de Ruffey.
Loppin de Montmort.
Cortois de Charnailles (un Évêque et Prince de Belley
De Villedieu de Torcy.
Secondat de Montesquieu (l'Auteur de l'*Esprit des Lois*).
De Ségur d'Ussot et de Castelnau.
De Guérin de Tencin (un Cardinal Archevêque de Lyon).
De Barral.
Gratet de Dolomieu.
De Nicquet.
De Caritat de Condorcet.
De Fortia.
D'Arbaud.
De Vigyer.
De Bordenave.
Le Mazuyer de Montégut.
Riquet de Caraman.
Fyot de Grosbois.
Précy d'Alinges.

La plupart des autres familles annoblies depuis deux cents ans sont sorties de la roture, soit par les priviléges de quelques charges au Grand Conseil ou dans les autres

Cours souveraines, et même dans les tribunaux du second ordre ;

Soit par leur élection à l'échevinage de Paris ou de Lyon, ou bien par le capitoulat de Toulouse, ou bien aussi par la mairie et l'échevinage des autres *bonnes villes* ;

Soit encore par l'exercice d'une fonction supérieure et militaire, *pendant trois générations consécutives* ;

Soit aussi par l'obtension d'un cordon de l'ordre de Saint-Michel, et pour cause de *services rendus à l'État* ;

Également, par la concession de la Noblesse héréditaire, au moyen d'une lettre-patente et de *bon plaisir* ;

Soit enfin par l'acquisition de certains offices, et notamment celui de *Conseiller-Secrétaire du Roi* qu'il faut préalablement avoir obtenu la *permission d'acquérir*, qu'il faut *avoir exercé pendant quatorze ans révolus*, et dont il faut *mourir titulaire*, afin de pouvoir transmettre la Noblesse à sa postérité naturelle et légitime.

SIXIÈME TABLEAU.

ÉTAT

DES PRINCIPALES MAISONS DU ROYAUME DE FRANCE,

PAR ORDRE D'ILLUSTRATION.

MAISON ROYALE DE FRANCE.

La maison qui nous régit a pu remonter par actes diplomatiques à l'année 776, et c'est la seule famille dont la Généalogie puisse franchir le IXe siècle. Elle est religieusement illustrée par douze Béatifications (rayons de la gloire éternelle, a dit Bollandus). Elle a fourni, depuis le couronnement, le sacre et l'intronisation du Roi Eudes de France, grand-oncle paternel de Hugues-Capet, c'est-à-dire depuis l'année 888, elle a fourni trente-neuf Rois de France et quatre Empereurs d'Orient, sept Rois des Espagnes et douze Rois de Navarre, vingt-neuf Rois de Portugal et d'Outre-mer, vingt et un Rois de Naples et de Sicile, de Chypre, d'Arménie, de Thessalonique et de Jérusalem, treize Rois de Hongrie, de Pologne et d'Esclavonie, d'Angleterre et d'Irlande, d'Aragon, de Valence, de Mayorque, etc. Elle a produit en tout quatre cent dix Souverains, dont cent quatorze Rois et sept Empereurs.

Quand il n'y aurait dans la France que cette race Salique, dont la splendeur étonne, nous pourrions, en fait de gloire, en remontrer à toutes les nations de la terre. Les principaux sujets de nos maîtres sont devenus Rois : ils ont conquis l'Apulie, l'Angleterre et la Syrie. Les princes du sang Capétien régnaient souverainement, quand tous les Rois de l'Europe actuelle étaient encore des vassaux. Parmi cette famille, ou plutôt cette légion de Monarques, les uns ont été surnommés l'Auguste, le Saint, le Pieux, le Grand, le Courtois ou l'Affable, le Hardi, le Sage et l'Éloquent, le Victorieux, le Juste et le Bien-aimé; les autres ont reçu les surnoms de Père du peuple et de Père des lettres. *Comme il est escript par Blasme, a dit un chroniqueur, que tous les bons Roys seroyent aisément pourtraicts dans le ronds d'un annel, il est juste à dire que les mauvais Roys y pourraient mieux tenir chez nous, tant leur nombre a toujours été petit en la famille et lignée de Robert-le-Fort et de Robert-le-Pieulx.*

SAVOYE-CARIGNAN.

Origine : — BÉROLD, Souverain des pays de Maurienne et Tarantaise en 889. — *Illustrations :* — Quatorze Alliances directes avec la maison royale de France depuis l'année 1115 jusqu'à nos jours. — Un Roi de Sicile et sept Rois de Sardaigne et de Chypre. — Trente-neuf souverains-Comtes et Ducs de Savoye, Princes de Piémont, Marquis d'Italie, Vicaires-généraux de l'Empire, etc. — Un Pape en l'année 1439 ; un Patriarche et cinq Cardinaux de la sainte Église Romaine, un Régent et Primat d'Angleterre en 1259, un Gonfalonier du Saint-Siége et cinq Bienheureux canonisés (1).

LORRAINE D'ARMAGNAC.

Origine : — GHÉRARD, institué Duc de la Lorraine ou Lotharingie-Mosellane en 1058. — *Illustrations :* — Deux Reines de France. — Vingt et un Ducs de Lorraine et quinze Ducs de Bar (Rois titulaires de Jérusalem, à dater du XVe siècle). — Cinq Empereurs Germaniques et quatres Rois de Bohème et d'Hongrie, Archiducs d'Autriche. — Trois Grands Ducs de Toscane, dix-huit Ducs de Guyse, d'Angoulême, de Mayenne, de Mercœur, d'Aumale ou d'Elbeuf. — Six Cardinaux, un Connétable de France, deux Grands-Aumôniers, un Grand-Maître et trente-deux Grands-Officiers de cette Couronne, à savoir : — Seize Pairs de France, un Amiral et

---

(1) Sans y comprendre la Bienheureuse Clotilde de France, veuve du Roi de Sardaigne Charles-Emmanuel IV, et sœur aînée des Rois très Chrétiens, Louis XVI, Louis XVIII et Charles X.
(*Note de l'Éditeur.*)

Général des Galères, quatre Grands Chambellans, deux Grands-Veneurs et six Grands-Écuyers, dont le dernier titulaire est M. le Prince de Lambesc, fils aîné du Duc d'Elbœuf, Comte d'Armagnac et de Brionne (1).

ROHAN.

Origine: — Judicael, Comte de Bretagne et Proconsul de Nantois en 897. *Titulature héréditaire:* — Vicomtes de Rohan, Princes ou Juveigneurs de Bretagne, Ducs de Rohan, de Montbazon, de Londunois, de Joyeuse et de Rohan-Rohan; Princes de Guémenée, de Léon, de Soubise, de Maubuisson, de Wandrevilhe et d'Espinoy; Souverains Comtes de Porrhoët, de Vertus, d'Avangour, d'Albon, de Nogent, Parthenay, Beaujeu, Guingamp, Montauban, Goëllo, Rochefort, Montfort, Tournon, Polduc, Bénac de Bigorre et autres lieux; Vidames de Nantois et Sire de Clisson, Marquis de Rothelin-Dunois et Pairs de France. Cette illustre famille a pris douze alliances directes avec les royales ou souveraines maisons de Léon-Bretagne en 1092; de Bretagne-Penthièvre en 1148; de Bretagne-

---

(1) Il est à remarquer qu'un Duc de Lorraine, Chef de cette maison Souveraine et ancêtre direct et paternel de la maison d'Autriche, actuellement régnante, était Grand-Chambellan de notre Roi Charles VIII en 1486.

Auteur.)

Richemont en 1184; d'Angleterre-Ulster en 1188, de France-Alençon en 1311; de Navarre-Evreux en 1377; de Dreux-Bretagne en 1415 et 1460; de Lorraine en 1416, 1741 et 1769; d'Albret-Albret en 1443; de Valois d'Orléans en 1449; d'Albret-Navarre en 1554; de Bavière en 1607; de Savoie en 1741; de Hesse en 1745; et de Bourbon-Condé en 1755. Elle a produit cinq Cardinaux, Pairs éclésiastiques ou princes-Évêques; un Grand-Maître Souverain de l'Ordre de Malte, un Régent de Bretagne et trois Gouvernantes des Enfans de France, avec Surintendance de leur maison. — Treize Ducs et Pairs à dater de 1558; un Grand-Maître de France et trois Grands-Aumôniers; deux Maréchaux, un Amiral, un Grand Sénéchal, un Grand Fauconnier; quatre Grands Veneurs et deux Grands Échansons de France ou de Bretagne.

LA TOUR D'AUVERGNE ET D'APCHIER.

Origine : — GUILLAUME D'AUVERGNE, Sire de la Tour en 1014, lequel était le deuxième fils de Guy, Comte d'Auvergne et de sa femme Ingelburge de Bourbon. — *Titulature héréditaire :* — Sire de la Tour (par la grâce de Dieu), redevenus Comtes d'Auvergne et de Boulogne en 1389; Comtes de Beaufort et Vicomtes de Turenne en 1444; souverains-Ducs de Bouillon, Princes de Sedan, Raucourt et Jametz en 1591; Ducs d'Albret et de Château-

Thierry, Comtes d'Évreux et Pairs de France en 1642.

— *Alliance* par les mères et descendance prouvée de Godefroy de Bouillon, Roi de Jérusalem en 1099.

— *Alliances directes* avec les maisons de Bourbon-l'Archambault en 1014; de Bourbon-Montpensier en 1442; de Bretagne en 1450; de Bourbon-Carency en 1451, d'Albret en 1458; de Foix-Navarre en 1481; Stuart d'Écosse en 1482 et 1503; de Bourbon-Vendôme en 1498; de Bourbon-Roussillon en 1506; de Médicis d'Urbin en 1515; de Savoie en 1572; de Nassau en 1642; de Lorraine en 1656 et 1763; de Bavière en 1704, Sobieski-Pologne en 1723 et de Hesse-Rothembourg en 1769.

Illustrations successives : — Quinze souverains-Ducs de Bouillon, Princes de Sedan, Comtes d'Auvergne et Vicomtes de Turenne. — Trois Cardinaux, un Légat à *latere* du Saint-Siège, un Primat des Gaules, un Patriarche d'Antioche en 1470; deux Grands-Aumôniers de la Couronne de France et deux Abbés généraux de l'ordre de Cluny. — Un Vice-roi de Navarre, un Sénéchal de France, six Grands Chambellans et deux Maréchaux dont le dernier a fait éclater sur le nom de Turenne une gloire impérissable (1).

---

(1) Il n'existe absolument aucun autre Agnat de cette ancienne maison que M. le Comte de la Tour d'Auvergne d'Apchier, Vicomte de Turenne et Duc de Châteauthierry, par héritage e testament du dernier Duc de Bouillon, dont le père et les aïeux n'avaient jamais reconnu que les Comtes d'Apchier pour être

LA TRÉMOILLE.

Origine : — GUY, premier du nom, Sire de LAS-TREMOLE ou la TRÉMOILLE, Seigneur de Chastelguy, de Lussac-lez-Églises et de Rochefort en Berry, avant l'année 1099. — *Titulature héréditaire :* Sires et Princes de la Trémoille, Ducs de Thouars, de Chatellerault, d'Olonne et de Noirmoutier; Princes de Tarente, de Talmont et de Mortagne sur Gironde; Comtes de Guines, de Laval, de Joigny, de Montfort, de Taillebourg et de Benon; Vicomtes de Tours, Barons de Vitré, de Sully, de Craon, Mareuil, Montaigu, Mauléon, Marans, l'Ile-de-Ré, l'Ile-Bouchard et autres lieux; Pairs de France, Grands Chambellans héréditaires de Bourgogne et Premiers Barons de Bretagne. — *Alliances* en 1521, avec Anne de Laval Princesse de Tarente, héritière du royaume de Naples (en sa qualité de petite-fille unique et légitime du Roi Frédérick d'Aragon, qui n'avait pas laissé d'autre postérité de son mariage avec Anne de Savoie, nièce du Roi Louis XI); avec les maisons de Bourbon-Montpensier en 1485; de Borgia-Valentinois en 1517; de Bourbon-Condé en 1550; de Luxembourg-Martigues en 1565; de Nassau-d'Orange en 1598; de Hesse Cassel en 1648;

Issus de leur famille. Voyez relativement à d'autres *La Tour d'Auvergne*, ainsi qu'au *premier Grenadier*, Malo-Coret, ce que l'auteur m'a déjà dit et qui est demeuré sans réplique.

(*Note de l'Éditeur.*)

de Saxe-Weimar en 1660 ; des Ursins en 1675 et d'Altembourg-Oldembourg en 1680. — *Illustrations successives :* deux Cardinaux, dont l'un Archevêque d'Auch en 1490, et l'autre Archevêque-Duc de Cambrai en 1749. — Un Porte-Oriflamme de France en 1320, lequel était surnommé le *Valeureux Comte ;* un Amiral d'Aquitaine et des mers du Ponant, Grand-Chambrier de France, celui qui périt si glorieusement à la bataille de Pavie et que le Roi son maître appelait *mon héroïque,* tandis que l'étranger Guichardin le nommait le *premier Chevalier du monde,* et que l'historien Paul Iove observait que ce grand-capitaine avait été pendant cinquante ans le *bouclier de son Roi, l'ornement de son siècle, l'orgueil de la France et l'honneur de l'humanité.*

BRIENNE D'EU et CONFLANS D'ARMENTIÈRES.

Origine : — FULCRAND de CHAMPAGNE, ou de VERMANDOIS, apanagé de la Comté-Pairie de Brienne en Champagne en 982, par Hugues, Duc de France et Comte de Paris, qui lui donne les qualifications d'*illustre Seigneur* et de *parent fidèle.* La maison de Brienne et ses branches puînées ont produit douze Comtes de Brienne Grands-Sénéchaux héréditaires et premiers Pairs de Champagne, à l'époque où les Comtes-Palatins de Champagne étaient Rois de Navarre, Pairs de France et Grands-Sénéchaux de leur Suzerain. Elle a fourni cinq Comtes d'Eu, de Guines et de l'orcéan. — Un Comte de Conversane et de Jaffa, cinq Ducs d'Athènes, Despotes de la Morée, d'Achaïe, de Néopante et de Céphalonie; un Roi de Sicile et Duc de Calabre; un Roi de Jérusalem, Empereur de Constantinople en 1235; une Reine de Jérusalem, Impératrice d'Allemagne en 1222; une Reine de Thessalie en 1260 et deux Reines de Naples à la fin du XIIIe siècle. Parmi ses illustrations du rang secondaire, elle a produit trois Connétables de France et deux connétables de Navarre; un Régent du même Royaume en 1290; enfin, trois maréchaux de France, un Maréchal-Général des armées de Louis XIII, un grand-Bailly d'Allemagne, un Amiral de Guyenne, un Vice-Roi, Grand d'Espagne, et plusieurs Chevaliers des Ordres du Roi et de la Toison-d'Or. Les alliances des Sires de Conflans ont été prises avec les illustres maisons de Châlons, de Soissons, de Nesle, de Craon, de Joinville, de Châtillon, de Bournonville, de Mailly, de Horn, des Ursins, de la Marck-Sedan, de Rohan-Guémenée et de Crouy-Solre. *Titulature héréditaire de la même branche :* — Sires et Marquis de Conflans des Comtes de Brienne, Marquis et Comtes d'Armentières, de Saint-Remy, d'Estoges, de Morenil et de Nanteuil, Vicomtes de Troyes et Vidames de Reims, Vicomtes et Barons d'Oulchy-lez-Valois, de Valdencourt, d'Yvry, Vezilly, Sommeville, Aubigny, Rosnay, Bestaing, Henriville et la Rivière-Thibouville; Châtelains Royaux de Brie Comte-Robert, et co-Seigneurs de Provins ; Hauts-Barons de Champagne et Premiers Barons de Valois. — Le dernier Maréchal de Conflans, Vice Amiral de France était Chevalier du Saint-Esprit et Premier Gentilhomme de la Chambre du feu Duc d'Orléans, Régent du royaume. En fait d'illustration d'un autre genre, on pourra citer la preuve de courage et de fidélité qui fut donnée par Jean de Conflans, Maréchal de Champagne et Vice-Roi de Navarre, en 1358. C'est le même *Chevalier féal et vieil*, qui, durant la prison du Roi Jean, fut massacré sur le prie-Dieu du jeune Dauphin, Charles de France, par ordre du séditieux Marcel, Prévôt des marchands de Paris. Le Sire de Conflans fut enseveli par ordre du Roi dans l'église de Sainte-Catherine, où l'on voit encore aujourd'hui sa vénérable tombe. Les Huguenots de l'Amiral de Coligny ont décapacité son effigie, mais on y trouve encore son épitaphe, ainsi que les armoiries impériales de Brienne écartelées de Sicile et de Jérusalem.

LUZIGNAN et LA ROCHEFOUCAULD (1).

Origine des Sires et Princes de Luzignan : — HUGO, Seigneur de Luzignan, qui était surnommé *Benedi-*

(1) Ces deux anciennes maisons ne faisant qu'une seule race, et leur communauté d'origine étant bien démontrée, j'ai cru devoir les mentionner dans un seul article, afin de réunir ces deux rameaux d'une même tige en communauté d'illustrations. Cette Charte, qui les mentionne ensemble, m'avait été montrée

lectus ou le *Bien-aimé* et qui contractait en l'année 1011. *Origine* des Sires et Ducs de la Rochefoucauld : — FUCALDUS, Seigneur de LA ROCHE, en Angoumois, lequel comparaît avec Hugo de Luzignan dans la même Charte où l'on voit qu'ils étaient issus d'un même ancêtre paternel appelé *Wuillermus* et qualifié *Comes Regis*, lequel était peut-être Guillaume *Taillefer*, Comte d'Angoulême. La lignée de ce Comte Guillaume a fourni, par les Sires de Luzignan, cinq Comtes de la Marche et d'Angoulême, dont le bisaïeul Hugues VI, avait épousé la Reine Isabelle ou Sibylle de Jérusalem, de qui les deux fils aînés, Guy-*le-Batailleur* et Amaury de Luzignan, héritèrent du royaume de Jérusalem après leur mère. La postérité du Roi Guy de Luzignan réunit ensuite à ses états d'outre-mer les royaumes de Chypre et d'Arménie, ainsi que la principauté d'Antioche, avec les comtés d'Ascalon, de Cœsarée, de Saint Jean-d'Acre et de Jaffa, comme héritière du Prince d'Antioche Boëmond V, en 1251. Cette lignée Royale a conservé la possession du royaume de Chypre pendant plus de trois siècles, c'est-à-dire jusqu'en l'année 1485, époque où la Reine Charlotte de Luzignan, qui avait épousé le Prince Louis de Savoie, légua tous ses droits et priviléges au Duc Charles III, dont les des-

---

par le Père Dumont, Chartrier de Saint-Germain-des-Prés. Le Père Anselme ne la connaissait pas, et le Généalogiste Dufourny la connaissait mal ou ne l'avait pas bien comprise.

(*Note de l'Auteur.*)

-cendans et successeurs, devenus Rois de Sicile et de Sardaigne, ont toujours porté depuis ce temps-là le titre de Roi de Chypre et Jérusalem. La branche des Comtes de Lézay subsiste encore en France et descend directement de Hugues VII° du nom, Sire de Luzignan, lequel était l'aïeul paternel du Roi Guy-le-Batailleur, de Geoffroy, Comte de la Marche, et d'Amaury de Luzignan, Comte de Jaffa. Cette branche de Lézay qui s'est toujours alliée très-noblement, se trouve aujourd'hui représentée par Léon-Charles-Marie de Luzignan, Comte de Lézay, de Beaugé, de Saint-Thuniac et de Marans en Angoumois, Vidame de Poitiers, Baron d'Aubenauge, de la Ferté-Saint-Julien, de la Vicomterie d'Aunis, de Manissac, de Confolens et autres lieux, Châtelain royal d'Angoulême, Mestre-de-Camp-Général de la cavalerie française, Grand'Croix de l'ordre royal et militaire de Saint-Louis, Grand'Croix héréditaire de l'ordre souverain de Saint-Jean de Jérusalem de Malte, Collateur héréditaire et Seigneur-Patron de la Commanderie de Nicosie en Chypre, Commandeur-né des ordres militaires et hospitaliers de Notre-Dame du Mont-Carmel et Saint-Lazare de Jérusalem, Nazareth et Bethléem (1). La lignée du même

(1) Chérin m'a dit que dans les trois provinces qui formaient 'ancien gouvernement de Poitou, il existait encore, il y a quelques années, plusieurs Familles nobles qui paraissaient devoir être issues de la maison de Luzignan, par bâtardise, et qu'une de ces familles avait fait remonter ses preuves de noblesse jusqu'au XIII° siècle. Ce fut là une M. Chérin toucha le défaut de la cuir-

Comte Guillaume a fourni par les descendans de Foucauld Sire de la Roche, à dater de l'année 1011, jusqu'à nos jours, vingt-huit générations des Sires ou Hauts-Barons de la Rochefoucauld, devenus Vicomtes de Châtellerault dès le XII.ᵉ siècle, et successivement Comtes de la Rochefoucauld, Princes de Marsillac, Marquis d'Estissac, de Magnelais, de Louvois, de Surgères, de Séverac, de Blausac, de Barbezieux, de Bayers et de Rochebaron ; Ducs de la Rochefoucauld, de Liancourt, de la Rocheguyon, de Randan, d'Estissac, d'Anville et de Doudeauville ; enfin, Comtes de Roye, de Roucy, de Lifford, de Duretal, de Cousage et de Montandre ; Vidames de Laon, Barons de Verteuil, Pairs de France et d'Irlande, Grands-d'Espagne de la première Classe, etc. Parmi toutes les grandes alliances qui doivent illustrer la généalogie des Ducs de la Rochefoucauld, on doit remarquer particulièrement celles qu'ils ont contractées en 1540 et 1552, avec les deux maisons royales de Luxembourg et de Foix, ainsi qu'avec deux Princesses de la souveraine et brillante maison des Pic de la Mirandole, en 1552 et 1556. Il est encore à noter que le Roi François Iᵉʳ tenait son prénom du Comte François de la Rochefoucauld, Prince de Marsillac, qui fut *esleu pour estre son parrain huict moix après sa naissance, attendeu que le dict Comte estait*

---

rasse en y trouvant la mauva'se qualité de Manzier, qui signifiait bâtard doté d'un fief noble et d'un manoir.

(*Note de l'Auteur.*)

le parent et l'amy de Monseigneur d'Angoulesme et le plus grand Seigneur du dict pays. — *Illustrations successives :* — Trois Cardinaux et deux Grands-Aumôniers de France, un Colonel-général de l'infanterie française, un Général des Galères de France, un Généralissime des Armées de Danemarck. — Trois Grands-Sénéchaux d'Aquitaine, un Grand-Veneur de France, quatre Grands-Maîtres de la garde-robe, dix-neuf Chevaliers de l'ancien ordre du Roi, douze Chevaliers ou Commandeurs de l'ordre du Saint-Esprit et trois Chevaliers de la Toison-d'Or. — Une sorte d'illustration plus populaire est d'avoir produit Melissène de Luzignan, qu'un ancien Trouvère appelé *Jean d'Arras*, a figurée comme une espèce de Syrène ou de Lamentin prophétique. Melissène ou Mélusine était en réalité la fille aînée du Comte Geoffroy de Luzignan, et de sa première femme Eustachie Chabot, Dame de Vouvent en Poitou. Elle épousa son cousin le Comte Raymond, vers le milieu du XIIe siècle, et l'on voit qu'étant devenue veuve, elle employa tous ses revenus personnels à la reconstruction du château de Luzignan, que Brantôme appelle *la plus admirable forteresse antique et la plus noble décoration vieille de toute la France.* — J'ai pensé que si je ne vous parlais pas de la Fée Mélusine en vous parlant des Luzignan et des La Rochefoucauld, vous auriez sujet de me reprocher ma négligence ou mon ignorance.

CHATILLON-CHATILLON.

Origine :—Guy, Nobleber ou Haut-Baron de Châtillon-sur-Marne en 1076, lequel était l'aïeul du célèbre Renaud, Prince d'Antioche, illustré par le poème du Tasse, et dont la fille, Agnès de Châtillon épousa le Roi de Hongrie, Besla II, en l'année 1118. Cette illustre famille a produit notamment un Duc de Bretagne, dans la personne du Bienheureux Charles de Châtillon, surnommé de *Blois*, lequel était le fils aîné de Guy de Châtillon, Comte de Blois, de Dunois, de Vendôme, de Chartres, de Penthièvre, de Soissons, de Meaux, de Saint-Pol et de Guyse, et lequel était l'aïeul au VI⁰ degré du Connétable Gaulcher de Châtillon, Comte de Porcéan, qui fut élu Régent de France à la mort du Roi Louis-Hutin. La même famille a contracté huit alliances royales : elle a fourni soit directement, soit par les maisons de France, de Bourgogne et d'Anjou-Sicile ou d'Hongrie, des aïeules à tous les potentats couronnés *de race antique ou catholique*, car, il est bon de remarquer avec un publiciste de bonne maison, que *toutes les familles de souverains quy sont hérétiques, sont aussy les plus nouvelles, ainsy que les moindres en Nobilité de bon aloy.* On voit éclater ce beau nom de Châtillon dans toutes les pages de notre histoire et sur tous nos champs de batailles, à dater de la première Croisade et de la guerre des Albigeois jusqu'à la victoire de Berghen. Les hauts-faits de ces formidables et généreux Châtillon sont innombrables; aussi peut-on dire équitablement que la puissance et les dignités sont la moindre de leurs illustrations. — Leurs descendans ne se trouvent représentés aujourd'hui que par Gaulcher-Gabriel-Marie, Duc de Châtillon, Pair de France et Vice-Roi de Navarre. On appréhende, et non pas sans raison, que la Duchesse d'Uzès ne soit bientôt l'unique et dernier rejeton de ce grand arbre généalogique, de ce *haut et robuste laurier*, comme a dit Samuel Guichenon.

CRÉQUY.

Il est toujours embarrassant de parler des siens, Monseigneur; je vais prendre le parti de faire copier le document qui va suivre et qui mentionne à peu près toutes les illustrations de la famille où je suis entrée. C'est à la réserve pourtant de sa grande épée de Connétable et de ses doubles ancres d'Amiral, de ses bâtons fleurdelisés, de ses cordons bleus et des chapeaux rouges. Voici le document en question que nous appellerions à présent un billet de part. Le protocole en est exactement conforme à l'usage du temps et à la réalité des choses.

LETTRE DE CONVOCATION
pour les funérailles
DU DERNIER DUC DE LESDIGUIÈRES, EN 1704 (1).

M

Vous êtes prié d'assister au service qui sera célébré le

(1) *Voyez* le premier volume des *Souvenirs de Créquy*, chapitre XI, pages 226 et suiv.

huit cotobre courant en l'église de l'abbaye royale de Saint-Anthoine, pour le repos de l'asme de Très Haut et Très Puissant Seigneur, Monseigneur FRANÇOIS DE CRÉQUY DE BLANCHEFORT DE BONNE DE LESDIGUIÈRES D'AGOULT DE VERGY DE MONTLAUR DE MONTAUBAN, Souverain Sire de Créquy, Saint-Pol et Canaples; Duc de Lesdiguières, de Créquy, de Champsaur, de Retz et de Beaupréau; Prince de Poix, de Commercy, de Montlaur et d'Euville; Marquis et Comte de Joigny, de Blanchefort, de Montauban, de Sault, de Treffort, Montmirail, Amanthon, Saint-Sevère-en-Auxois, Saint-Janurin, Tervie, Marines, Ortigues et Castelnau de Roussillon; Vicomte de Viennois et de Ponthieu; Vidame d'Embrun, co-Seigneur de Digne; Duc et Pair de France, Premier Haut-Baron, Premier Pair et Grand Forestier d'Artois; Grand d'Espagne de la première classe et Ricombre d'Aragon; Prince Romain; Despote et Sebastocrate héréditaire de l'Empire d'Orient; Prince du saint Empire Germanique et Condéparien du Roy du Portugal; Commandeur héréditaire des Ordres Royaux et militaires de Calatrava, d'Alcantara, de Christ et d'Avys, etc., etc., etc., lequel est décédé en la ville de Modène, en Italie, le 19 septembre dernier dans la vingt-troisième année de son âge.

REQUIEM ÆTERNAM DONA EI DOMINE

Monsieur le Cardinal Prince de Soubize voudra bien donner l'absoute, et le Révérend Père Dumas prononcera l'Oraison funèbre du défunct.

MONTMORENCY.

Origine : — BURCARD ou BOUCHARD, qui est désigné comme fils d'un autre Burcard, et qui, vers la fin du Xe siècle, fut institué Seigneur de Montmorency par *Étienne, Abbé de la Royale Église de Saint-Denis,* de qui relevait féodalement toute cette partie de l'île de France. *Titulature héréditaire :* — Seigneurs *et puis* Sires ou Barons de Montmorency : *depuis l'année* 1433, pemiers Barons de la chrétienneté, vicomté et prévôté de Paris (1); Ducs de Montmorency, de Damville, de Piney-Luxembourg et de Laval; Princes de Robecq et de Tingry; Marquis de Morbecq, de Thury, de Magnac et de Boisdauphin; Comtes de Laval et de Châteaubriand, de Beaumont, de Dammartin, d'Esterre, de Lux et de Boutteville; Vicomtes d'Aire et Barons de Fosseuxe; Seigneurs ou Châtelains d'Écouen, de Chantilly, de Marly, d'Attichy, de Montlhéry, de Nivelle, de Lugny, de Courtalain, de Bours et autres lieux. —

---

(1) Ensuite et progressivement, à dater de l'an 1523, premiers *Barons Chrétiens de France ; Premiers Barons de France* en 1566, et finalement *Premiers Barons Chrétiens*, qualification que le Parlement de Paris leur a toujours fait rayer et biffer depuis son apparition subite en 1682, tandis que la Chancellerie romaine ne veut jamais l'admettre, et que plusieurs familles françaises ont obtenu qu'elle ne fût pas mentionnée dans leurs transactions avec MM. de Montmorency ; mais retournons à leur titulation effective.   (*Note de l'Auteur.*)

Ce fut au milieu des orages et des perturbations du XIIe siècle, que la Reine douairière Adélaïs de Savoye, veuve de Louis-le-Gros et mère du Roi Louis-le-Jeune, épousa le Connétable Mathieu de Montmorency, mariage dont il ne résulta pas d'enfans attendu l'âge avancé de cette Princesse (1). — Les principales alliances de cette maison ont été prises avec celles de Hainaut, de Soissons, de Laval, d'Aragon, de Brienne, de Foix, des Ursins, de Luxembourg, de Mecklembourg, de Bourbon-Condé, de la Tour-d'Auvergne et de la Tremoille. Elle avait aussi contracté deux alliances quasi-royales, avec Alme de Normandie, fille naturelle du Roi d'Angleterre Henry Ier, et puis avec Diane de Valois, légitimée de France et fille naturelle d'Henri II. *Illustrations successives :* — Il est à noter que les Montmorency ont toujours été *grands seigneurs*, et qu'ils n'ont jamais été *grands vassaux*. Cette maison si féconde et si constamment favorisée par nos Rois, a fourni dans cinq de ses branches qui s'étaient subdivisées en douze ou quinze rameaux, — un Cardinal, Évêque et Prince de Metz; un Archevêque-Duc de Reims ; — Vingt-six Grands-Officiers de la Couronne; savoir, six Ducs et Pairs, un Grand-

(1) D'après le calcul de tous les historiens de Savoye, tels que Guillaume de Pingon, Paradin, Symphorien de Champier et Samuel Guichenon, calcul qui ne saurait être infirmé par des généalogistes français, Adélaïs de Savoye n'avait pas moins de *Cinquante-cinq ans* lorsqu'elle effectua cette *conjonction très-insolite*, a dit un chroniqueur Bourguignon. (*Note de l'Auteur.*)

Aumônier, cinq Connétables et sept Maréchaux, deux Amiraux, un Grand-Maître et deux Grands-Chambellans, un Grand-Pannetier, deux Grands-Échansons et un Grand-Forestier de France. — On y remarque aussi quatre Grands-d'Espagne et Princes du Saint-Empire; six Chevaliers de l'ordre du Saint-Esprit, trois Chevaliers de la Toison-d'Or, et deux Chevaliers de la Jarretière. Cette ancienne et valeureuse famille a toujours fourni d'illustres Capitaines, et sans parler ici du héros de Bouvines en 1214, et du vieux Connétable vainqueur d'Anthies en 1553, qui s'emporta d'indignation patriotique et s'en alla conquérir le Havre-de-Grâce, à l'âge de soixante et dix-huit ans, je vous dirai qu'un des personnages les plus remarquables de cette race guerrière, est, à mon avis, le Maréchal André de Laval qui avait été créé Chevalier par le Roi Charles VII, à l'âge de douze ans, sur un champ de bataille, et qui fut évalué par les Anglais nos ennemis à 24 mille écus de rançon; *ce superequipolloist à la ranson d'un Roy, d'un Cœsar et d'un Emperier, tant le Roy d'Angleterre avecq sa cour estoient restez en esmoy pour sa haulte vaillance.*

HARCOURT-HARCOURT.

Origine : — Anquetil Sire de Harcourt et Vicomte d'Évreux en l'année 1024 (1). Ses descendants sont

(1) Je vais laisser de côté tout ce qui regarderait les Ducs

bientôt devenus Comtes d'Harcourt, d'Aumale, d'Elbœuf, de Brionne, de Mortain, de Lislebonne, de Tancarville et de Montgommerry ; Vicomtes de Châtellerault, de Melun, de Bonestablé et de Lougey ; Barons d'Olonde, de Beaumesnil, de Carentonne, de Calville, de Noyelles-sur-Mer et de Montreuil-Bellay ; Châtelains royaux d'Honfleur et de Barfleur, Vidames de Rouen, de Lisieux, de Bayeux, de Coutances et d'Avranches ; Commandeurs héréditaires de Renneville ; Connétables et Grands-Chambellans héréditaires de Normandie ; — Comtes de Leicester et de Manchester, de Warwyck, de Boswort et Pairs d'Angleterre, Lords-Barons d'Ellenhal, de Harcourt-Castle et de Saint-Léonard de Windsor ; Grands-Voyers et Forestiers héréditaires d'Angleterre, etc. La branche aînée de cette puissante maison d'Harcourt avait eu l'honneur de s'allier directement à celle de France, en 1359, par le mariage de Jean VIe du nom, Comte d'Harcourt et d'Aumale avec Catherine de Bourbon, fille du Duc de Bourbon Pierre Ier et d'Isabelle de Valois. Elle a pris ses autres alliances avec les Comtes de Ponthieu, de Flandres et de Namur, les Ducs de Gueldres et de Juliers, les Comtes de Dunois, de Laval

---

d'Harcourt et Marquis de Beuvron, parce que la jonction de leur branche n'a pas encore été suffisamment justifiée. Le dernier Comte d'Harcourt les a reconnus, mais purement et simplement, et pour établir une généalogie, cela ne suffit pas.

(*Note de l'Auteur.*)

et d'Alençon, un souverain Duc de Lorraine en 1474, une héritière de Melun, Comtesse de Tancarville et de Parthenay-l'Archevêque en 1177 ; encore, avec les illustres maisons de Rohan, de Coucy, d'Arpajon-Lautrec, de Lénoncour, de Crouy, de Lamark-Bouillon, Chabot, de Créquy, d'Aubusson, Goyon de Matignon, d'Espinay-Saint-Luc, de Montmorency et de Lorraine-Guyse. — *Illustrations successives :* La branche Française et son rameau d'Angleterre ont produit un Cardinal-Primat et Légat du Saint-Siége en 1240, un Patriarche de Jérusalem en 1424, un Patriarche d'Antioche Archevêque de Narbonne en 1427. — Un Grand-Sénéchal de France, un Grand-Amiral et trois Maréchaux de France ou d'Angleterre, un Grand-Queux et Grand-Échanson de France, un Grand-Écuyer-Tranchant du Roi Charles VIII et vingt-huit Chevaliers des ordres royaux en ces deux pays. L'auteur de *la vie d'Isabelle de France, sœur de Saint-Louis*, était la Vénérable Agnès d'Harcourt, Abbesse de Longchamps-sur-Seine en 1289. Voilà ce que j'ai vu sur un manuscrit de M. de la Vallière, où cette illustre et docte personne a mis en marge qu'elle était la *sœur de Jehan de Harcourt, Évêque de Coustances, ainsy que de Guy de Harcourt, Évêque de Lizieulx, les quels estoyent filz de Messire Jehan de Harcourt et d'Elbœuf, surnommé le Preud'homme, le quel avoy suivit le sainct-Roy Loys ez guerres d'oultre mer en 1248.* — Je trouve que d'avoir produit une fille de qualité qui a fait un

9.

bon livre au XIII⁰ siècle, est une distinction qui peut entrer en ligne de compte.

MAILLY.

Origine : — HUMBERT de MAILLY Comte de Dijon, on voit contracter avec son petit fils, Wauthier, Sire de Mailly en 986, et qui disputa les armes à la main pendant quatorze ans le droit d'hérédité salique et la possession du Duché de Bourgogne aux Rois Hugues-Capet et Robert-le-Pieux. *Titulature héréditaire et substituée pour les deux branches de Nesle et d'Haucourt :* — Sires de Mailly *par la grâce de Dieu*, Marquis de Nesle et Premiers Marquis de France; Princes d'Orange, de l'Isle-sous-Montréal, de Neufchâtel et de Rubemprey; Duc de Mailly-d'Haucourt; Marquis de Mailly en Boulonnais, de Montcavrel, d'Haucourt, d'Urfé, d'Armilly, du Quesnoy, de Villedieu, d'Hallescourt, de Menneville et de St.-Michel; Comtes de Mailly-Rayneval, d'Agimont, d'Hesucque en Artois, de Baurevoir et de Bernon-le-Vidame; Vicomtes de Melun, de Montéjan, d'Eps en Tardenois, de Plainval et de Monstrelet; Grands-Sénéchaux héréditaires et Grands-Forestiers de Vermandois; Grands-Croix nés de l'ordre de Malte, et Premiers Chanoines d'honneur en l'église cathédrale d'Elne, aujourd'hui Perpignan. On pourrait joindre à ces hautes qualifications, celles de Barons, Châtelains et Seigneurs Haut-justiciers d'Arvilliers, de Conty, d'Orsignol *et cætera,* car il y aurait dix-sept cent vingt-trois fiefs nobles à vous dénombrer, seulement dans la mouvance du Marquisat de Nesle (1). Parmi les grands noms qui fournissent leurs alliances, on remarque ceux d'Amiens, de Coucy (répété cinq fois), de Nesle et de Créquy (trois fois répété), d'Ailly, d'Astarac, de Bourbon-Rubemprey, de Laval-*aux-Épaup!es*, de Bournonville, de Monchy-Montcavrel (ou d'Hocquincourt), de Coligny-Châtillon, de Bauffremont-Listenois, de Polignac, de Bailleul-d'Écosse, de Melun, de Gand-Vilain XIV, de Crouy-Solre, d'Aspremont, de Joyeuse, de Ghistelles, d'Urfé-Lascaris, Gouffier, de Craon-Châteaudun, Fernandez de Cordoue, de Berg-op-Zoom, de Montmorency, de Nassau, de Roye-Roucy, de Fiennes, de Saveuse, de Vintimille, de Brancas-Lauraguais, du Cambout de Coislin, et de Narbonne-Pelet. — C'était dans la maison de Mailly que l'illustre Gonsalve de Cordoue, surnommé *le Grand-Capitaine*, avait marié l'aîné de ses petits-fils. Il est à remarquer également que c'est dans la maison de Mailly qu'on a vu s'éteindre les antiques et très-nobles maisons de Coucy, de Coligny-Châtillon et de Lascaris-d'Urfé,

(1) Cet immense domaine des Connétables de Nesle dont les Sires de Mailly sont devenus les héritiers, se trouvait déjà pourvu du titre de *Marquisat* trois cents ans avant ses deux érections sous les Valois; ainsi ces deux actes d'érection ne sauraient être considérés que comme des actes confirmatifs ou de recognition suzeraine. On voit dans une lettre du Grand Condé, qui se connaissait en grandes choses et qui aimait les grandes terres, *Nesle est un apanage incomparable et prodigieux*. (*Note de l'Auteur.*)

Illustrations successives : — Les Sires de Mailly jouissaient d'une puissance féodale et d'une sorte d'indépendance qui résultait peut-être de leur origine souveraine et qui confère une illustration particulière à leurs descendans. Leur chef salique était intitulé *par la grâce de Dieu :* on a déjà dit que leurs ancêtres avaient guerroyé contre deux Rois de France ; et l'on voit dans tous les documens des Croisades aux temps de Philippe-Auguste et de Saint-Louis, que *les Sires de Mailly s'y faisoient toujours suivre et servir par un si grand nombre de Chevaliers, leurs vassaulx, Ecuyers et autres subjects de leur estat, sous troix bannières, qu'on auroit dict l'ost d'un Comte de Flandres ou de Champaigne, et tellement qu'ils touschoient du Roy la mesme pension que les deux Connestables de France et de Hyérusalem.* Nos Rois leur ont toujours donné le titre de Cousin. François Ier déclara par lettres-patentes, en 1535, que René de Mailly, chef de cette maison, était le *proche parent du feu Roi Louis XII.* Et l'on voit qu'un oncle paternel du même René, c'est-à-dire Nicolas de Mailly, Comte d'Agimont et Grand-Maître de l'artillerie de France qu'il commandait à la bataille de Cérisolles en 1544, avait été le filleul du même Louis XII et son premier Chambellan. Cette illustre et puissante race a produit un Régent du royaume, et c'est la seule famille qui puisse arborer la même couronne que nos princes du sang-royal. Vous n'ignorez pas que Jean de Mailly fut surnommé *l'Estandart en signifiance de la haulteur et l'esclat de ses prouesses.* — Au milieu de ses bannières de la Croisade, et de ses Pennons du Temple, et des Gonfanons royaux qu'elle a portés ou guidés dans toutes nos batailles et pendant plus de huit cents ans, Monseigneur, vous pourrez voir dans les trophées nobiliaires de cette maison, trois Couronnes ducales avec des colliers du Saint-Esprit, le chapeau d'un Cardinal-Archevêque et les bâtons d'un Maréchal de France; mais son plus bel insigne héraldique est assurément cette couronne à sept fleurs-de-lis dont elle est en possesssion pour avoir exercé la Régence, et dont elle a toujours timbré ses armoiries depuis l'année 1410.

LEVIS DE MIREPOIX, DE LAUTREC, DE VENTADOUR ET DE CHATEAUMORAND.

Origine : — MILES D'AUXERRE, Sire de LEVIS en Auxerrois et Châtelain de LEVIS en Hurepoix, lequel comparaît en l'année 1045, dans une Charte où Guillaume Comte d'Auxerre, avec Robert, Évêque d'Auxerre et frère du Comte Guillaume, lui donnent les qualités de *cher fils* et de *cher neveu* (1). On pense

(1) C'est Dom L. de Villevieille qui m'a fait connaître l'existence et la substance de cette charte qui provenait de l'abbaye de Saint-Germain-d'Auxerre et qui appartient à l'abbaye de Saint-Germain-des-Prés-lez-Paris. Elle n'était peut-être pas connue des anciens généalogistes, et comme elle devrait ajouter un degré de plus à la filiation de la maison de Levis, il est surprenant que le Père Anselme et Dufourny ne la mentionnent pas. Je vous dirai

avec raison que Miles d'Auxerre était l'aïeul paternel de Guy Sire de Levis qui milita si puissamment contre les Albigeois, et qui a transmis à ses descendans avec la suzeraineté des ville et pays de Mirepoix, la dignité de *Maréchal de la Foi* qu'ils ont toujours conservée depuis le XIIe siècle. Voilà tout ce qu'il y a de plus assuré sur l'origine et l'extraction de ces *glorieulx et religieu'x Barons de Levis ou Levq, Mareschaulx héréditaires des armées de la Foy, et contemporrains des premiers temps de nostre monarchie.* Il est à noter que le respect des peuples et les simplicités dévotieuses du moyen-âge avaient été chercher pour eux une origine sacrée dans la tribu sacerdotale, en faisant remonter leur premier berceau jusque sous la tente de Jacob. Tradition touchante mémorable et doux résultat de leurs vertus patriarcales et de la vénération populaire. Les descendans de Guy, premier du nom, Sire de Levis, de Vitry, de Marly, de Mirepoix, Montségur et Florensac, ont été qualifiés successivement Ducs de Ventadour, de Levis, de Damville et de Mirepoix, Princes de Maubuisson, Maréchaux héréditaires de la Foi, Grands-Sénéchaux héréditaires de Carcassonne et de Béziers; Pairs de France et Grands-d'Espagne; Marquis, Comtes et Vicomtes d'Annonay, de Châteaumorand, de Valromey, de Léran,

---

surabondamment que le Maréchal de Levis a qui l'on a fait voir ce document, n'a pas eu l'air d'attacher beaucoup d'importance à sa découverte. (*Note de l'Auteur.*)

de Poligny, de Villars, de Charlus, de Caylus, de Lautrec, de Lomagne et de Terrides.—Entre autres alliances également bien assorties à l'antiquité de son origine et la grandeur de ses établissemens, la maison de Levis s'est alliée directement en 1286 avec la Princesse Constance de Foix, laquelle était l'héritière du royaume d'Aragon, du royaume de Mayorque, de la principauté de Viane et du comté de Barcelonne. On trouve parmi ses illustrations un Cardinal et sept Archevêques-Patriarches ou Primats, un Grand-Maître de l'ordre de Saint-Lazare. — Deux Maréchaux et quatre Pannetiers de France; des Gouverneurs de Provinces et des Lieutenans-Généraux en nombre infini; vingt-deux Chevaliers de l'Ordre et huit Chevaliers des deux ordres du Roi depuis la création du Saint-Esprit. (*Hélas, mon Dieu! j'allais oublier que ma tante de Ventadour avait été Gouvernante de Louis XV, en fait d'illustration capitale. Ses mânes en seraient tellement courroucés que j'en éprouve une appréhension mortelle en réminiscence de toutes ses gronderies. Ce serait certainement la plus implacable de toutes les ombres aristocratiques à qui je pusse faire un passe-droit!*)

BEAUVAU-CRAON.

Origine : — FOULQUES D'ANJOU, Sire de BEAUVAU qui comparaît dans une charte datée de 986, où l'on voit qu'il était proche parent consanguin de Geoffroy, Comte d'Anjou, surnommé *Grisegonelle*.

lequel Geoffroy I|er| était le quatrième aïeul du Comte Geoffroy d'Anjou, cinquième du nom, qui fut surnommé *Plantagenet*, et dont les descendans ont porté la couronne royale d'Angleterre depuis l'année 1154 jusqu'en 1485. *Titulature héréditaire :* — Le vingt-troisième descendant en chef du même Foulques-d'Anjou est aujourd'hui Charles-Just, Prince de Beauvau, de Craon et du Saint-Empire Romain, Marquis de Harouel et Grand-d'Espagne de la première classe, Maréchal de France et Chevalier des Ordres du Roi, Capitaine de ses Gardes-du-Corps et Gouverneur de Provence (1). *Alliances :* la maison de Beauvau est la seule famille française qui ait eu l'honneur de fournir directement une aïeule à la filiation de nos Rois. Ce fut par le mariage d'Isabelle, fille de Louis Sire de Beauvau, Chevalier-Banneret et Grand-Sénéchal d'Anjou, avec le Prince Jean de Bourbon, Comte de Vendôme en 1454. De ce mariage étaient provenus huit enfans, dont l'aîné forma la souche des maisons royales de France, d'Espagne et des Deux-Siciles ;

---

(1) C'est à la Maréchale de Beauvau (Marie Sylvie de Rohan-Chabot), que notre ami Fontenelle a si bien appliqué ce passage de Cicéron sur l'illustre Cornélie :

« Femme admirable, dans laquelle on dirait que les Dieux ont
« voulu conserver les vestiges de cette antique bonté, cette urba-
« nité de mœurs, cette perfection sociale des temps qui ne sont
« plus. Entourée d'un époux, d'un frère, de parens et d'amis
« élevés au premier degré des honneurs et de la considération
« publique, il lui a été donné, quoique femme, de faire rejaillir
« sur eux autant d'éclat qu'ils pouvaient en répandre sur elle. »

ladite Isabelle de Beauvau, Comtesse de Vendôme, de la Marche et de Castres, ayant été la trisaïeule d'Antoine de Bourbon-Vendôme, Roi de Navarre et père de votre aïeul Henry-le-Grand. La maison de Beauvau tire encore un nouveau lustre du beau nom de Craon, dont elle est devenue l'héritière. Les chroniqueurs Angevins ont enregistré que Jeanne de Craon, femme du Grand-Sénéchal d'Anjou, Pierre de Beauvau, se trouvant en péril de mort *pour ne se pouvoir délivrer de son fruict sans en risquer la perte*, cette courageuse mère se fit ouvrir les entrailles et paya de sa vie celle de son fils. Elle avait demandé, seulement, qu'il écartelât ses armoiries avec celles de Craon, et que la postérité de son enfant fût obligée de le faire à perpétuité, ce qui s'est exécuté jusqu'à nos jours avec une sollicitude attentive, et religieusement, pourrait-on dire, en observant que ce n'est pas toujours la coutume à l'égard de ces sortes d'obligations surannées. Sans parler ici de leur Grand-Connétable de Sicile et de tous leurs Grands-Officiers d'Anjou, de Provence et de Lorraine, les Princes de Beauvau sont principalement illustres par la bravoure et la fidélité de leurs ancêtres. L'histoire a particulièrement conservé les noms du Chevalier-Banneret qui fut tué sous la herse de Ptolémaïs, en 1223; du Connétable René de Beauvau qui conquit le royaume de Naples et qui commandait la *phalange Angevine* au milieu du XIIIe siècle; du Comte Jean de Beauvau, son fils, dont il est fait mention dans toutes les chroniques du temps, ainsi que dans l'histoire de Jéhan de Saintré; et puis, c'est un Louis, Sire de Beauvau, dont Charles VII se mit à pleurer la mort, immédiatement après la bataille de Castillon qu'il avait gagnée; on trouve ensuite un jeune Alophe de Beauvau avec René, son frère, qui furent armés Chevaliers par Louis XII et reçurent de lui l'accolade royale sur le champ de bataille d'A-gnadel : enfin, on voit paraître avec le même éclat dans cette belle généalogie, le vieux Seigneur de Trembble-court, et le jeune Alexandre de Beauvau qui fut surnommé par nos grenadiers *le Comte sans peur*, et qui mourut au siége de Prague en 1742. Le Prince Charles, aujourd'hui Maréchal de Beauvau, n'a point démenti l'exemple de son frère, et tout le monde connaît cette action d'éclat qui lui a fait accorder la croix de Saint-Louis à l'âge de dix-neuf ans. J'aurais voulu vous parler aussi de ce Comte Louis de Beauvau que notre Roi Louis-le-Juste enviait si *jalousément et si tristement* aux Ducs de Lorraine; mais il faut savoir se restreindre, et j'en resterai là.

D'ALBERT DE LUYNES ET D'AILLY DE CHAULNES.

Origine : — ALBERTO de'gli ALBERTI de CATENAIA, Chevalier-Lauréat, Gonfalonier de la Justice et Prieur de la Liberté de Florence en 1358, lequel était reconnu pour extrait des anciens Comtes Alberti d'Arezzo, et lequel Gonfalonier de Florence était incontestablement le trisaïeul d'Honoré d'Albert ou d'Alberti, Seigneur de Brantes, de Luynes, de Cadenet, de Mornas-en-Provence, et père du Connétable de Luynes (1). — *Titulature héréditaire :* — Ducs de Luynes, de Chevreuse, de Luxembourg, de Piney, de Pecquigny, de Chaulnes et de Montfort; Princes de Tingry, de Neufchâtel, de Walengin, de Grimbergh et d'Orange; Comtes de Tours, de Dunois, de Châteaufort, de Noyers et de Ligny; Marquis de Dangeau; Vidames d'Amiens; Barons de Montigny, d'Ailly, de Renneval, de Longueville en Condomois, de Brantes et de Cadenet-lez-Yssarts, de Saint-André-d'Oleiragues, d'Alost et de Montdragon; Pairs de France et Nobles Toscans, Grands d'Espagne et Princes du Saint-Empire. — Cette noble famille avait pris ses premières alliances en arrivant en France, avec les anciennes maisons de Sarratz, de Bernis, de Ségur, de Rodulf-Limans, de Beziers-Saint-Julien, de Bagnols et de Montdragon-Sabran. Ses autres alliances ont été fournies par les illustres maisons de Rohan-Montbazon, de Bretagne-Avangour, de Berghes, de Bournonville-Hénin, d'Ailly-le-Vidame, de Montmorency, de Levis-Charlus, de Bourbon-Soissons, d'Egmont-Pignatelli, de Luxembourg, de Lamark et de Lorraine. — *Illustrations successives :* — Un Connétable

---

(1) *Voyez* le dernier mémoire de M. Target pour le Duc de Luynes et de Chevreuse, avec *les pièces à l'appui, vérifiées par* M. Chérin. (*Note de l'Auteur.*)

Duc et Pair, Chancelier-Garde-des-Sceaux et Grand-Fauconnier de France, lequel avait Henri IV pour parrain, et lequel avait été *nourry premier Page de la Chambre du Roi, son fils, quy se confiait à luy trez uniquement et trez justement*, nous dit Aubéry, quoi qu'il n'aimât pas *la faction ni la famille Albertines*. — De plus, un Cardinal, Archevêque et Primat, un Feld-Maréchal-Général, Grand-Écuyer et Prince de l'Empire, un Maréchal et deux colonels-Généraux des armées françaises, une Surintendante de la maison de la Reine, trois Grands-Fauconniers de la Couronne et dix Chevaliers des Ordres du Roi. — Chérin dit toujours, avec raison, qu'un Chef de la maison de Luynes est au premier rang des plus grands Seigneurs de l'Europe, à raison des dignités, des alliances et des distinctions qu'on trouve accumulées depuis deux cents ans dans cette illustre et puissante famille.

CRUSSOL D'UZÈS, D'AMBOISE ET DE MONTAUSIER.

Origine. — JEHANBASTET, ou JEAN-BAPTISTE, Seigneur de CRUSSOL et Coseigneur de Belcastel en 1282, lequel avait pour fils puîné Geraud de Crussol, Patriarche d'Antioche, Archevêque de Tours, Évêque d'Uzès, de Valence, de Gap et de Die. — *Titulature héréditaire :* — Comtes de Crussol et Vicomtes d'Uzès en 1526; Ducs et Pairs d'Uzès en 1572; Princes de Soyon.

Marquis de Florensac, de Saint-Sulpice et de Montsalez ; Comtes d'Amboise, de Lestrange, de Levilly, de Montfort, d'Aubijoulx et de Montausier ; Vicomtes et Barons de Privas, de Castelnau, de Salles et des États de Languedoc. C'est après l'extinction des Ducs de Nevers, de la maison de Gonzague, des Ducs de Guyse, de Joyeuse, de Melun, de Montmorency, de Retz, de la maison de Gondi, de Roannais, de la maison de Gouffier-Bonnivet, etc., que les Ducs d'Uzès sont devenus, par effet de ces extinctions, les doyens de la Pairie laïque, et non pas *les premiers Pairs de France*, en vérité, car on ne peut reconnaître en cette qualité que l'Archevêque-Duc de Reims, et pendant les vacances de ce grand Siége Épiscopal, l'Évêque-Duc de Laon, deuxième Pair ecclésiastique de France. La maison de Crussol a produit douze Grands-Officiers de la Couronne de France, à savoir : huit Ducs et Pairs, trois Grands-Pannetiers, un Grand-Maître de l'Artillerie, et parmi les Chevaliers des Ordres, un Commandeur du Saint-Esprit à la première création. Cette illustre maison Ducale a fourni sept Chanoines à la Cathédrale de Strasbourg, ce qui prouve assez la noblesse et la pureté de ses alliances

CROUY DE SOLRE ET D'HAVRÉ.

Origine : — Marcus ou Marcel, Baron d'Araines et Sire de Croy ou plutôt Crouy, qui fait acte de partage avec son oncle Henry Sire de Pecquigny et Vidame d'Amiens, en l'année 1184. — Les *Qualifications héréditaires* de cette maison qui n'est pas moins illustre en Espagne, en Allemagne et en Italie qu'en France, ont été successivement Sires de Crouy, Barons d'Araines et de Lybons, Burgraves de Gervelinges et de Bourbourg; Comtes de Guines, de Réthel et de Porcéan; Princes de Chimay, Ducs d'Areschot, de Havré, de Crouy-sur-Somme et de Soria; Princes de Guidona, de Solre, de Newgart et de Massovie; Marquis de Roubais, de Renty, de Wailly, de Falcas, d'Ortès et de Mondéjar; Comtes de Rœux, de Molembais, de Chiesvres, de Buren, de Fontenoy, de Méghem, de Beaurain, de Millendouck et de Priégo; Châtelains héréditaires de Mons, Vicomtes de Langles et Souverains Seigneurs de Fénéstranges; Princes Romains; Princes et Maréchaux héréditaires du Saint-Empire; Grands des Espagnes et Ricombres de Castille à la création de l'Empereur Charles-Quint; Condéparients de Portugal; Premiers Pairs et Grands-Veneurs héréditaires de Hainaut; Portes-glaive du Saint-Office, en Espagne; Commandeurs-nés des Ordres militaires et hospitaliers de Calatrava, d'Alcantara, de Christ et d'Avis. — On voit les Sires de Crouy s'allier, dès l'origine, avec les sœurs ou les héritières des Vicomtes de Soissons, les Vidames d'Amiens, les Barons de Renty et les Sires de Craon: plus tard, on les voit faire alliance à plusieurs reprises avec les maisons royales de Lorraine et d'Aragon, de Bavière, de Luxembourg, de Bourgogne et de Foix-Candale. Ensuite, on voit éclater, dans la filiation des Princes de Crouy, les beaux noms de Poméranie, de Nassau, de Hesse-Darmstadt, de Furstemberg, des Rhyngraves de Salm, de Horn, de Melun, de Montmorency, de Mailly, Lanti-de-la-Rovère et Ximénès d'Arissa. — Le parrain de l'Empereur Charles-Quint était Charles de Crouy, Prince de Chimay, lequel était filleul de l'Empereur Maximilien Ier. — Parmi les hautes distinctions qui sont à remarquer dans la généalogie de Crouy, on trouve un Grand-Maître de France et deux Maréchaux de Bourgogne; un Cardinal, Archevêque de Tolède et Primat des Espagnes; un Grand-Chancelier du royaume de Castille, et plusieurs autres Grands-Officiers des Couronnes de France, d'Espagne et de Germanie. — Pour donner une juste idée de la prodigieuse illustration de la maison de Crouy, il est suffisant de faire observer qu'elle a produit trente et un Chevaliers de la Toison-d'Or, c'est-à-dire un nombre égal à celui des deux maisons de Bourgogne et d'Autriche.

— Avis de l'Éditeur. *Il y a, dans le nombre des feuillets de ce cahier manuscrit, une lacune de huit à neuf pages où, d'après le sommaire indiqué par l'auteur,* on aurait dû trouver, dans le même ordre de leurs illustrations et nullement dans celui de leur ancienneté, les articles

De ROCHECHOUART-MORTEMART.
CHABOT de JARNAC, et de ROHAN.
De BÉTHUNE-SULLY.
De CAUMONT-LA FORCE.
De GONTAUT-BIRON.
De CLERMONT-TONNERRE.
De COSSÉ-BRISSAC.

BAUFFREMONT.

Origine : — Oddo, Souverain Sire de Bauffremont ou Beffroymont, lequel est nommé dans une Bulle de l'Empereur *Conrad* en l'année 1034, ainsi que dans une décrétale du Pape Jean XIX en 1035. Il appert d'un rescrit de Philippe-le-Hardi que dès l'année 1283, le Roi de France (ainsi que les Ducs de Bourgogne, de Lorraine et de Brabant) accordait au Sire de Bauffremont la prénoble qualification de *Consanguineus noster charissimus.* — *Titulature héréditaire :* — Sires et Comtes de Bauffremont, de Charny, de Montfort et de Mirebeau; Marquis d'Arc-en-Barrois, de Listenois, de Senecey, de Meximieux, de Clairvaux et de Marnay; Comtes et Barons de Bourlemont, de Charmes, de Randan, de Marigny, de Salins et de Scey-sur-Saône, Princes du Saint-Empire Romain, Grands-Baillifs-d'Épée d'Aval et d'Amont au Comté de Bourgogne, et Commandeurs-nés de l'ordre Souverain de Saint-Jean de Jérusalem de Malte. — *Principales alliances :* — Avec les maisons de Fontenoy, de Choiseul, de Bourgogne, de Brichanteau de Nangis, de Vienne, de Watteville, de Mailly, de la Rochefoucauld, de Foix, de Courtenay, de Quélen de la Vauguyon, etc. Ce fut en 1712 que Louis de Bauffremont, Marquis de Listenois, prit alliance avec Hélène de Courtenay, la dernière princesse et l'unique héritière de cette famille Impériale issue directement du Roi Louis-le-Gros, par son septième fils Pierre de France, Sire de Courtenay, de Montargis et de Charny, en 1152. — *Illustrations successives :* — Un Maréchal de Bourgogne, deux Présidens de la Noblesse de France aux États-Généraux du Royaume, en 1588 et 1614, un Grand-Prieur de France pour l'ordre de Rhodes en 1386; un nombre infini de grands-capitaines et d'illustres négociateurs (il ne faut pas oublier ici la célèbre Duchesse de Randan, Surintendante et Gouvernante du Roi Louis XIV); enfin, plusieurs Chevaliers du Saint-Esprit et sept Chevaliers de la Toison-d'Or; mais il est encore à considérer que c'est à partir de Pierre de Bauffremont, Comte de Charny, qu'on voit inscrit sur la première liste de ces Chevaliers, à la création de l'ordre de Bourgogne, en 1430. — Henry de Bauffremont, Comte de Senecey, etait certainement un des plus savans publicistes et des écrivains les plus distingués du XVIIe siècle. C'était celui dont la fille unique avait épousé Gaston de Foix, le dernier de la royale et valeureuse maison de Grailly.

NARBONNE-PELET.

Origine: — MANFRED, Vicomte et souverain de Narbonne, qui comparaît avec sa femme Adélaïs et leur oncle Emmerik, Archevêque de Narbonne, dans une charte datée des Kalendes de mars, en l'an du salut 910. — *Qualifications héréditaires :* — Par la Grâce de Dieu, Vicomtes des Métropole et Cité, Viguerie, Campanies et pays de Narbonne ; Proconsuls des Gaules, Advoués, Protecteurs et Patrons des IV Évêchés ; — Comtes et Captals de Melgueil, de Maguelonne, d'Alais et de Sostamion ; Princes de Zanthe, Amiraux de Jérusalem et de Syrie ; — Vicomtes et Barons de Salgas, Fontanès, Vicq, Montmirat, Combas, Montlésan, Mauressargues et autres lieux ; Viguiers et Châtelains royaux de Sommièvres ; Vidames de Mende, etc. — Bernard de Narbonne, *surnommé Pelet à cause de son manteú tranché de menu vair et de blanche hermine,* était le père de cet illustre Raymond Pelet Comte de Melgueil et d'Alais, dont tous les historiens des Croisades, et notamment Guillaume de Tyr, ont exalté de concert et comme à l'unisson, la vaillance et la beauté, **la piété**, la puissance et la magnificence.

On supposerait que tous les écrivains du *Gesta Dei per Francos* auraient été les clercs-historiographes ou les troubadours de ce grand Comte Raymond qui m'apparaît toujours comme une sorte de heros mythologique. — Il est à propos d'observer ici que Raymond de Narbonne, premier Comte de Melgueil et père de Bernard, surnommé Pelet, avait cédé la Vicomté de Narbonne à Bérenger, son second frère, et c'est de ce même Bérenger qu'était issue la Vicomtesse Ermessinde, héritière de Narbonne, laquelle épousa vers l'année 1190, un grand Seigneur espagnol appelé Manrique de Lara. Il est certain que leur postérité s'est éteinte avec Guillaume de Lara, Vicomte de Narbonne et troisième du nom, lequel était mort sans enfans en 1424, après avoir légué la possession de Narbonne à son frère utérin qui se nommait Pierre de Tannière, et qui vendit ladite Vicomté de Narbonne à Gaston Comte de Foix en 1442. Voilà ce que j'ai fait rechercher et ce que j'ai pris la peine de vérifier avec toute l'exactitude possible, ainsi je ne comprends pas comment le Comte Louis de Narbonne-Lara pourrait en sortir? — Dans les derniers temps, et dans cette grande maison de Narbonne-Pelet, dont on voit si clairement la haute origine et l'antiquité prodigieuse, il ne paraît pas qu'on ait ambitionné d'autres distinctions que celles qu'un gentilhomme peut obtenir à la pointe de son épée. On dirait une vieille dynastie qui se tiendrait à l'écart depuis trois cents ans, avec une dignité froide et peut-être dédaigneuse ? Toujours est-il que parmi tous ces nobles et valeureux enfans des derniers Souverains d'Alais et de Melgueil, c'est tout au plus si l'on a vu scintiller de temps en temps, la mitre d'un Archevêque ou les trophées d'un collier du Saint-Esprit. Les couronnes ducales et les manteaux d'hermine aujourd'hui, sont appliqués sur la postérité des écuyers-poursuivans ou des maîtres-des-requêtes.

BEAUVOIR DE GRIMOARD DU ROURE.

Origine : — Guigo-Grimoard, Sire de Beauvoir, du Roure et de Montbel, lequel est nommé dans un acte de l'année 1104, avec sa femme Esplandine de Châteauneuf, Baronne de Randon, Grisac, Belle-Garde et Bédorèze en Vivarais. — *Qualifications héréditaires :* — Marquis de Grisac, de Montlaur, de Combalet-sous-Fleurance et de Lonville au pays Chartrain; Comtes du Roure, de Saint-Remèze et de Beaumont-Brison, Barons de Randon, de Barjac, de Saint-Florens, des Vans, des Baulmes, d'Aignèze, de Largentière, de Bonneval, et trois fois Barons des États de Languedoc. — C'est la branche issue de Guigo du Roure, deuxième du nom, qui a produit en Italie les Ducs d'Urbin, Comtes de Montefeltro, d'Urbanéa, de Sinigaglia, de Pezaro, de Cagli-Saint-Pierre et Princes du Sacré Palais. La postérité de ces Grands-Vassaux romains n'ayant fini qu'en 1694 dans la personne de Julie-Victoire-Marie du Roure de la Rovère, Grande-Duchesse de Toscane, et veuve de Ferdinand de Médicis, deuxième du nom. Cette illustre maison s'est alliée, par sa branche française, avec celles de Châteauneuf-Randon, d'Alègre-Tourzel, de Joyeuse, de la Tour-d'Auvergne, de Sabran, des Porcellets, de Créquy, de Polignac, de Caumont-la-Force, de Laval-Montmorency, de Gontaut-Biron, d'Ornano, d'Albert de Luynes, d'Adhémar de Monteil et de Baglioni. — Une illustration particulière à cette famille française est d'avoir fourni trois Souverains-Pontifes à l'Église Romaine, c'est à savoir : le Pape Urbin V, *Guillaume du Roure-Grimoard*, élu en 1362, et mort en 1370 ; le Pape Xiste IV, *François du Roure* ou *del Rovère*, exalté Souverain-Pontife en 1477 ; et finalement le Pape Jule II, qui fut couronné le 6 octobre 1503, et mourut en 1545. La maison du Roure a produit par ses deux branches de France et d'Italie, cinq Cardinaux de la Sainte-Église-Romaine, un Patriarche d'Alexandrie, un Prieur-Général de l'ordre des Chartreux, un Comte du Gévaudan pour le Roi S. Louis, un Gonfalonier du Saint-Siége appostolique, un Vice-Roi de Sicile et Gouverneur de Naples, un Souverain-Précepteur d'Italie, Grand-Amiral de l'ordre de Rhodes ; trois Cheftaines de huit cents lances nobles, et quatre Généraux des batailles, un Exarque de Basilicate, un Gouverneur de Rome et dix-sept Chevaliers des

Ordres Pontificaux ou Royaux du Précieux-Sang, de Christ et d'Avis, de Saint-Étienne de Florence, de Saint-Michel de France et du Saint-Esprit.

LA GUICHE DE SAINT-GÉRAN ET DE SIVIGNON.

Origine : — RENAULT, Seigneur de la GUICHE en l'année 1198, lequel on retrouve pourvu de la qualification de *Chevalier* en 1250. — *Titulature héréditaire :* — Seigneurs et Comtes de La Guiche, Marquis de Saint-Géran, de la Palice, de Sivignon, de Martigny, de Jaligny, de Chaumont en Charollois, et de Noyers en Briennoys. Cette ancienne et très-noble famille a pris ses alliances avec celles de Damas, de la Baume-Montrevel, de Franchelins, de Vienne, de Choiseul, de Montmorin, de Lastic-Saint-Jal, de Pompadour, de Chabannes-la-Palice, de Daillon du Lude, de Goyon-Matignon-Torigny, de Valois-d'Angoulême, de Schomberg, d'Albon, de Coligny, de Tournon, de Laval-*aux-Épaules*, d'Espinay-Saint-Luc, de Levis-Ventadour, de Varambon-Cusance, et de Bourbon-Verneuil. On voit parmi les illustrations de la maison de la Guiche, un Maréchal de France en 1619 ; un Maréchal et Sénéchal de Bourbonnais et d'Auvergne; un Grand-Maître de l'artillerie, Gouverneur-Général de Lyon, du Lyonnais, Forez, Beaujolois et Mâconnois, pendant la meilleure partie du XVIe siècle. On y trouve aussi d'illustres négociateurs, Pierre, Sire de la Guiche et Grand-Bailly d'Épée d'Autunois, de Bresse et de Mâcon, fut presque toujours accrédité par les Rois Louis XI, Charles VIII, Louis XII et François Ier en qualité d'Ambassadeur de France, à Rome, en Espagne et en Angleterre. Gabriel de la Guiche, Évêque de Mirepoix et d'Agde, était Ambassadeur de France auprès du Saint-Siége Apostolique en 1552; enfin, Bernard de la Guiche, Comte de Saint-Géran, Chevalier des Ordres du Roi Louis XIV et son Ambassadeur ordinaire à la Cour de Londres, était, suivant l'expression d'un homme expérimenté dans la diplomatie (le Bailly de Froulay), *le modèle accompli d'un grand Seigneur du grand siècle et d'un Ambassadeur du grand Roi.*

N. B. *On n'a pas à sa disposition le surplus de ce curieux document. Le Libraire-Éditeur a l'espérance de se procurer en Normandie la suite et le complément du présent travail, qui concerne et ne saurait manquer d'intéresser un si grand nombre d'anciennes familles. Si la personne qu'il a chargée de sa négociation a le bonheur d'y réussir, il ne manquera pas d'en informer les souscripteurs aux Souvenirs de Créquy, dont la détermination n'en restera pas moins tout-à-fait libre et facultative à l'égard de ces volumes supplémentaires et complémentaires.*

H.-L. DELLOYE
Libraire-Éditeur.

LISTE

DES PRINCIPALES FAMILLES

QUI SE SONT ÉTEINTES

Après la rédaction des Tableaux précédens.

De Lénoncour, éteinte en 1776.
De Baudéan-Parabère, en 1777.
De la Baume-Montrevel, en 1778.
De Clisson, en 1779.
De Villars, en 1782.
De Vienne-Listenoys, en 1783.
De Rieux-Bretagne, en 1783.
De Poitiers, en 1784.
De Néréstang, en 1784.
De Bullion, en 1785.
De Chatillon-Chatillon, en 1786.
Du Guesclin, en 1786.
De Gouffier, en 1786.
Fouquet de Bellisle, en 1787.
De Senneterre, en 1788.
De Clermont-Gallerande, en 1789.
Desmarets de Maillebois, en 1789.
De Montgommery, en 1789.
Potier de Gèvres et de Novion, en 1786 et 1789.
De Bassompierre, en 1790.
De Neuville de Villeroy, en 1790.

FAMILLES ÉTEINTES.

D'Egmomt-Pignatelli, en 1795.
D'Estaing, en 1795.
De Froulay de Tessé, en 1795.
De Mesmes d'Abaux, en 1795.
De Maupeou d'Ableiges, en 1795.
Le Clerc de Buffon, en 1795.
De Beaujeu, en 1795.
De Roquelaure-Biran, en 1795.
De Joyeuse, en 1795.
Du Chastelet-Lorraine, en 1795.
De Saint-Mauris de Montbarey, en 1795.
Bruslard de Sillery-Genlis, en 1795.
De Pons, en 1795.
De Luzignan, en 1795.
De Riquetty de Mirabeau, en 1796.
Phélippeaux de Pontchartrain, en 1796.
Mancini de Nivernais, en 1797.
De Wignerot d'Aiguillon, en 1800.
De Créquy, en 1801.
De Béthune-Sully, en 1802.
De Rosset de Fleury, en 1805.
De Béthune-Charost, en 1807.
De Gand-Vilain XIV, en 1809.
De Guînes-Soastres, en 1808.
De Marbœuf d'Aché, en 1809.
De Pardailhan d'Antin, en 1810.
De Lorraine d'Elbœuf, en 1817.
De Wignerot du Plessix-Richelieu, en 1822.
De Coucy, en 1825.
De Beauvilliers-Saint-Aignan, en 1825.
Reignier de Guerchy, en 1825.
De Vassé, en 1827.

PIÈCES JUSTIFICATIVES.

DOCUMENS GÉNÉALOGIQUES OU NOBILIAIRES

EXTRAITS DES ARCHIVES DE LA MAISON DE CRÉQUY.

DERNIÈRE PROTESTATION

DE LA MAISON DE LA TRÉMOILLE

relativement à ses droits

SUR LA POSSESSION DU ROYAUME DE NAPLES (1)

NOUS, MARIE-VICTOIRE-HORTENSE de la Tour d'Auvergne, Duchesse Douairière de la Trémoille, veuve de très-Haut, très-Puissant et très-illustre Prince, Monseigneur Charles-René Armand, Duc de la Trémoille et de Thouars, Pair de France, Prince de Tarente, Comte de Laval, de Montfort, de Guines et de Jonvelle, Baron de Vitré et de la Ferté-sur-Peyron, Marquis d'Attichy, Vicomte de Berneuil, Seigneur de Souvigné, Lymoland,

---

(1) *Voyez* LES SOUVENIRS DE CRÉQUY, volume 1er, page 211 de la 4 édition.

Grand-Parc et autres lieux, Premier Baron de la Province et Président-né des États de Bretagne, Premier Gentilhomme de la chambre du Roi, et Gouverneur de l'Isle de France, etc., etc., etc.; en qualité de Mère et Tutrice honoraire de très-Haut, très-Puissant et très-illustre Prince, Monseigneur Jean-Bretagne-Charles Godefroy, Duc de la Trémoille et de Thouars, Pair de France, Prince de Tarente, Comte de Laval, de Montfort, de Guines et de Jonvelle, Baron de Vitré et de la Ferté-sur-Peyron, Marquis d'Attichy, Vicomte de Berneuil, Seigneur de Souvigné, Lymoland, Grand-Parc et autres lieux, Premier Baron de la Province et Président-né des États de Bretagne, etc., etc., etc.;

ET NOUS, ANNE-CHARLES-FRÉDÉRIC de la Trémoille, Prince de Talmont, Duc de Chatellerault, Comte de Taillebourg et de Benon, Premier Baron de Saintonge et Baron de Tonnay-Boutonne, Seigneur des Essars, de la Grève, etc., Gouverneur pour le Roi des ville et forteresse de Saare-Louis et pays en dépendans; en qualité de plus proche parent paternel dudit Seigneur et Prince Duc de la Trémoille, et comme tel substitué aux droits dudit Seigneur et Prince sur le Royaume de Naples;

A TOUS CEUX QUI CES PRÉSENTES VERRONT, SALUT.

Il est notoire à toute l'Europe que les Seigneurs Ducs de la Trémoille, Prince de Tarente, prédécesseurs du Seigneur et Prince Duc de la Trémoille, mineur, et de nous Prince de Talmont, n'ont rien oublié pour tâcher de maintenir et de conserver autant qu'il a dépendu d'eux le Droit qu'ils avaient sur le Royaume de Naples, lequel droit appartient actuellement audit Seigneur et Prince Duc de la Trémoille, mineur.

C'est dans cette vue que lesdits Seigneurs Ducs de la Trémoille ont envoyé aux congrès ou assemblées tenues à Munster, à Nimègue, à Riswick, à Utrecht et à Bade, des Procureurs chargés de leurs pleins-pouvoirs, pour faire connaître leur droit aux Ambassadeurs et Plénipotentiaires qui composaient ces assemblées, et en particulier aux Ambassadeurs et Plénipotentiaires des Princes médiateurs, lorsqu'il y en avait.

Ce droit ne pouvait être contesté, parce que les Ducs de la Trémoille descendent en ligne directe de Charlotte d'Aragon, Princesse de Tarente et Comtesse de Laval, laquelle était fille de Frédéric d'Aragon, roi de Naples, et la seule des enfans de ce prince qui ait laissé postérité; et comme le Royaume de Naples appartenait de droit à ladite Princesse Charlotte, ce droit a passé sans difficulté à ses descendans.

Ferdinand, Roi d'Aragon, qui n'avait aucun droit sur ce Royaume, en avait dépouillé le Roi Frédéric par les moyens et ses artifices dont toutes les histoires font mention; et tant lui que ses successeurs, Rois d'Espagne, se sont maintenus par la force dans la possession de ce Royaume, sans avoir égard à la justice ni au droit des descendans de Charlotte d'Aragon.

C'est ce que les auteurs et prédécesseurs dudit Seigneur et Prince Duc de la Trémoille, mineur, ont très-souvent représenté aux assemblées plénipotentiaires qui ont traité de la paix entre la plupart des Princes et Souverains de l'Europe; et ils l'ont fait avec la permission et le consentement des Rois Très-Chrétiens leurs souverains Seigneurs : mais comme ils n'ont jamais eu de réponse satisfaisante, ils n'ont pu faire autre chose que de protester dans la meilleure forme qui leur a été possible, et l'existence de ces protestations, de même que des pleins pouvoirs qu'ils avaient donnés à leurs envoyés, est prouvée par les actes les plus authentiques qui ont été faits à Munster, à Nimègue, à Riswick, à Utrecht et à Bade.

Le feu Seigneur et Prince Duc de la Trémoille, dernier décédé, ne put en user de même lors du traité fait à Vienne en 1738, par lequel traité le Royaume de Naples fut cédé à sa Majesté Sicilienne, qui en est actuellement en possession. Il n'y eut point alors d'assemblée de Plénipotentiaires, et ce ne fut qu'une négociation particulière dont le public n'eut connaissance qu'après qu'elle eût été terminée.

L'on se trouve aujourd'hui à peu près dans la même situation, le traité définitif venant d'être signé à Aix-la-Chapelle, sans congrès et sans que sa Majesté Sicilienne y ait envoyé d'Ambassadeur.

Dans les circonstances présentes, nous avons jugé ne pouvoir prendre d'autre parti que de dresser le présent acte, qui sera signé de nous, contresigné par nos secrétaires et scellé de nos sceaux, lequel acte sera remis ès mains de Monsieur le Prince d'Ardore, Ambassadeur de S. M. S. auprès du Roi notre Souverain-Seigneur, par lequel acte nous déclarons très-respectueusement à S. M. S. en la personne de son dit Ambassadeur, que nous persistons dans les poursuites faites ci-devant par notre Maison dans tous les temps, et que nous les renouvellerons dans toutes les occasions où il nous sera possible de le faire. Protestons de la manière la plus solennelle et la plus authentique qu'il nous est possible, contre tout ce qui peut être conclu au préjudice du droit, que ledit Seigneur et Prince Duc de la Trémoille a sur le Royaume de Naples, tant dans le traité conclu à Vienne l'an 1738, que dans celui qui vient d'être conclu à Aix-la-Chapelle, et généralement dans tous ce qu pourrait être fait, sans que notre Maison y fût appelée ou y fût intervenue, à ce que lesdits traités ne puissent acquérir un plus grand droit à S. M. S. sur ledit Royaume de Naples, ni diminuer celui que ledit Seigneur et Prince Duc de la Trémoille, ses descendans ou représentans ont sur ledit Royaume, et qu'ils ne puissent, sous quelque prétexte que ce soit, recevoir aucun préjudice dans les dignités, rangs et prérogatives que ledit droit leur doit donner.

Déclarons en outre que nous envoyons et enverrons les copies du présent acte aux Ministres des Cours étrangères, et que nous le rendrons public par tous les moyens qu'il nous sera possible, afin que toute l'Europe connaisse que nous sommes fort éloignés d'abandonner les droits qui nous ont été transmis par nos prédécesseurs, nous réservant de les soutenir et de faire valoir dans un temps plus favorable par tous les moyens et raisons que nous déduirons alors.

Donné à Paris le six novembre, l'an de grâce mil sept cent quarante-huit.

(*Signés*)   M. V. N. DE LA TOUR D'AUVERGNE,
DUCHESSE DOUAIRIÈRE DE LA TRÉMOILLE.

A. C. F. DE LA TRÉMOILLE,
PRINCE DE TALMONT.

Par leurs Altesses,

(*Et plus bas*)   DE MELLERAYE,
TREUIL.

PIÈCES JUSTIFICATIVES

ACTE

DE LA PRISE DE POSSESSION

DE LA

PRINCIPAUTÉ D'ORANGE,

POUR ET AU NOM

DU MARQUIS DE MAILLY, DE NESLE ET DE MONTCAVREL (1).

L'an mil sept cent neuf, et le cinquième jour du mois de mars, après midi, par devant nous, notaire Royal de la ville d'Arles en Provence, soussigné, et témoins cy-après nommez, est comparu Honorable Homme, Louis Begou, Bourgeois de ladite ville d'Arles, et demeurant ordinairement en ladite ville, au nom et comme Procureur fondé par procuration de très-Haut et très-Puissant Seigneur Monseigneur Louis, Sire DE MAILLY, Souverain Prince d'Orange, Marquis de Nesle, de Mailly en Boulonois, et de Montcavrel, Premier Marquis de France, Prince de l'Isle sous Montréal, Seigneur et Comte de Bohain, de Maurup, de Pargny, etc., etc., Capitaine-Lieutenant des Gendarmes Écossois de la Garde du Roy, commandant la Gendarmerie de France, émancipé d'âge, procédant sous l'autorité de Noble Homme, le sieur Thomas du Rocher, Bourgeois notable de Paris, son curateur aux causes et tuteur onéraire à

---

(1) Extrait des archives de la Duché de Créquy, liasse 40, n° 71. Voyez aussi les *Souvenirs de la Marquise de Créquy*, volume 1er, page 212, etc.

ses actions immobiliaires, et dudit sieur du Rocher esdits noms : ladite procuration passée le vingt-un février dernier, par devant Angot et son confrère, notaires au Châtelet de Paris, et de laquelle il y a minute vers ledit Angot, ainsi qu'il nous est apparu par l'expédition que ledit sieur Begon nous a exhibée et représentée, à la réquisition duquel sieur Begou, audit nom de procureur, nous étant transportés avec luy et lesdits témoins cy-après nommez, en la ville et principauté d'Orange, il nous a interpellé de le mettre, pour et au nom de mondit Seigneur Louis, Sire de Mailly, en la possession réelle et actuelle de ladite Principauté et Souveraineté d'Orange, et circonstances et dépendances comme à luy dévolue et appartenante présentement, au moyen de l'acte passé en sa faveur par devant ledit Angot et son Confrère, notaires à Paris, le dix-septième jour de février dernier, par lequel Très-Haute et Très-Puissante Dame, Madame Jeanne de Monchy, son aïeule paternelle, cy-devant Princesse d'Orange, s'est retirée et luy a fait place, pour lui faire passer le fidéi-commis, et le droit de succéder dès à présent en son lieu et place, à ladite Principauté et Souveraineté d'Orange, et autres biens qui ont appartenu jadis à feue Madame Marie des Baux, Princesse d'Orange et épouse de Monseigneur Jean de Châlons, tous deux autheurs de madite Dame Jeanne de Monchy de Montcavrel d'Hocquincourt, et de mondit Seigneur Louis, Sire de Mailly, son petit-fils, offrant de satisfaire aux formalités ordinaires et observées en pareil cas ; sur quoi, pour satisfaire à ladite interpellation, nous avons pris par la main ledit sieur Begou, et en présence des témoins cy-après nommez, l'ayant conduit dans le Palais de ladite ville d'Orange, l'y avons fait asseoir sur le siége sur lequel les Princes ont accoutumé de rendre et faire rendre la justice Souveraine dans ladite Principauté, et de là l'ayant conduit à la porte de la salle de l'audience et à la grande porte du Palais; il les a fait ouvrir et fermer plusieurs fois; de là ayant été par nous en la présence de qui dit est, conduit aux prisons du Cirque, il a, avec les clefs qui lui ont été remises par Guillaume Clément, concierge desdites prisons, ouvert et fermé plusieurs fois les portes d'icelles; ensuite de quoy il a remis lesdites clefs audit concierge, avec injonction de les garder sous l'autorité de mondit Seigneur Louis de Mailly, Prince d'Orange. De là l'ayant conduit devant l'hôtel de ville, il y est entré et en est sorti plusieurs fois : dans tous lesquels lieux et endroits cydessus, nous avons déclaré à haute et intelligible voix, que nous mettions ledit sieur Begon, pour et au nom de mondit Seigneur Louis de Mailly, Prince d'Orange, en possession réelle et actuelle, et en pleine jouissance de ladite Principauté et Souveraineté d'Orange, membres en dépendans, circonstances et dépendances, et que c'est en signe et marque de ladite prise de possession et de la Souveraineté de mondit Seigneur Louis de Mailly sur ladite Principauté d'Orange et dépendances, que ledit sieur Begon, son procureur, s'est assis; qu'il a ouvert et fermé les portes desdits lieux cy-dessus, et qu'il y est entré et en est sorti librement à plusieurs reprises. Ce faisant, nous avons enjoint à tous les Vassaux, Habitans et Sujets de ladite Principauté d'Orange, de le reconnaître et non un autre, sous les peines qu'il appartiendra : Dont et de quoy ledit sieur Begon nous a requis lui délivrer le présent acte, que nous lui avons octroyé en ladite ville d'Orange, le jour et an susdits en présence de Messire Ambroise Colorieu, Prêtre Vicaire de l'église de Mondragon, du sieur Antoine-Honoré Olivier, Conseiller du Roy, Receveur en titre du bureau audit Mondragon, M˚ Étienne Martichon, Notaire dudit Mondragon, et Joseph Barbavaire, Procureur audit lieu de Mondragon, témoins qui ont signé avec ledit sieur Begon et nous, et encore de Claude Coq, maître cordonnier de ladite ville et Principauté d'Orange, de Jean Juan, laboureur, de Philippe Gondran, maître tondeur de draps, de Pierre Ribe, laboureur, et de Pierre-François-Jean Cler, maître vitrier, ayant ledit Coq et Philippe Gondran, signé; et lesdits Juan et Ribbe déclaré ne savoir écrire. La minute des présentes est signée de Begon, Collorieu, prêtre, Olivier, Martichon, Barbavaire, Claude Coq, Philippe Gondran, et de nousdit Notaire. Signé *Jehan*. Collationné sur l'original deuëment controllé par Severin à Arles, signé JEHAN.

Et le douzième jour dudit mois de mars de ladite année 1709, après midy, à la requête de mondit Seigneur LOUIS DE MAILLY, SOUVERAIN PRINCE d'ORANGE, et dudit sieur du Rocher, son Tuteur et Curateur onéraire, pour lesquels domicile est élu pour vingt-quatre heures seulement, en tant que besoin serait en la maison et logis où pend pour enseigne l'image Nôtre-Dame, j'ay, Honoré Jaussemin, huissier royal au siége et sénéchaussée de la ville d'Arles, y résidant soussigné, affiché en placard copie du présent procès-verbal de prise de possession, sçavoir une à la porte du Palais de ladite ville d'Orange, une à la porte de l'Hôtel de Ville, une à chacune des portes des Églises de ladite Ville et aux carrefours et places de la même Ville, à ce que nul n'en ignore, et que tous les Vassaux, Habitans et Sujets de ladite Principauté d'Orange ayent à satisfaire au contenu dudit procès-verbal, et n'y point contrevenir, comme aussi j'ay le susdit procès-verbal et l'acte y énoncé passé par Madame et Princesse Jeanne de Monchy en faveur de mondit Seigneur et Prince Louis de Mailly à présent Prince Souverain d'Orange, le 17 février dernier, montré et signifié, et d'iceux donné copie avec autant des présentes aux Consuls et habitans de ladite Ville et Principauté d'Orange, aux fins cy-dessus en parlant à la personne d'Illustrissime et Reverendissime Seigneur, Messire Jean Jacques d'Obeilh, Évêque dudit Orange, étant dans son palais; et de plus, à la servante de Me Christophe Bernard, avocat et second Consul de ladite ville d'Orange, dans son domicile, le tout en présence de François Perret et Simon Roux, qui ont assisté et signé avec moy l'original des présentes, aux copies et affiches les jours et an susdits.

PIÈCES JUSTIFICATIVES.

TRIBUNAL DU POINT-D'HONNEUR
ET CONNÉTABLIE DE FRANCE (1).

JUGEMENT
DE NOSSEIGNEURS LES MARÉCHAUX DE FRANCE,
ENTRE
LE MARQUIS DE SOURDIS ET MM. COLBERT DE SAINT-POUANGE ET DE CHABANNOIS.

ARRÊT DU 24 MARS 1756.

Sous la présidence de Mgr le Doyen des Maréchaux, Vice Connétable, assisté de Noss^{grs} les Maréchaux de Noailles, de Laval et de Lautrec.

Sur ce que NOSSEIGNEURS ont appris qu'il survenait une contestation sérieuse entre Messire René-Louis d'Escoubleau de Sourdis, Marquis de Sourdis et d'Alluye, Comte de Montluc, Prince de Chabannois et de Carmaing, d'une part, et Messire Antoine-Alexandre Colbert, Seigneur en partie du Marquisat de Sourdis, à titre d'héritier et du chef de sa mère, étant possesseur au même

(1) Ce rare et curieux document provient des archives de Créquy, et nous a paru mériter d'être reproduit dans cet appendice. Voyez le 1er volume de la dernière édition des *Souvenirs*, chapitre 10, pages 222, 223, 224 et 225. (*Note de l'Éditeur.*)

titre des terres et droits utiles de la principauté de Cha-
lonnois, *d'autre part*; sur ce que ledit Messire Antoine
Colbert avait cru pouvoir ajouter à son nom celui de
Sourdis, ainsi qu'il en aurait droit en stricte justice, et
suivant la coutume vulgaire de France, où les Nobles
possesseurs d'un bien noble ont la faculté de prendre et
porter le nom d'icelui noble domaine ou fief, le Marquis
de Sourdis opposait à lui que ledit nom de Sourdis avait
été porté par ses ancêtres paternels et sans nulle inter-
ruption depuis l'année 1285, et qu'il ne pouvait être
arboré par autrui, sans préjudice à la maison dont il
sort et dont il est devenu chef des noms et armes à l'extinction de la branche aînée, laquelle branche a fini
dans la personne de Madame Angélique-Marie d'Escoubleau de Sourdis, héritière des domaines et non pas des
titres et qualifications du Marquisat de Sourdis et de la
Principauté de Chabannois, laquelle Dame Angélique
avait épousé en l'an 1702 Messire François-Gilbert-Henry
Colbert, Seigneur de Saint-Pouange, et lesquels ont eu
pour fils aîné ledit Messire Antoine Colbert, surnommé
de Sourdis, et sur qui porte la contestation que le tribunal a cru devoir évoquer à dessein de la terminer suivant les règles du point d'honneur, ainsi qu'appartient à
Noss^{rs} les Maréchaux d'en user et décider souverainement et sans appel, dans toutes les contestations qui peuvent s'élever entre gentilshommes ou s'émouvoir entre
gens faisant profession des armes et brevetés de sa Majesté.

Ayant fait assigner, interpeller diligemment, et ouï
suffisamment les deux parties, et considérant que le nom
de Sourdis est devenu comme inséparable de celui d'Escoubleau, prenant en haute considération que c'est principalement et particulièrement sous le premier de ces

deux noms que la maison de Sourdis a marqué dans les annales du royaume, où tant de pages s'y trouvent décorées par les grandes actions, les hautes alliances et les autres illustrations qui la distinguent : considérant, avec non moins de bienveillance et d'équité, 1° que la jeunesse et l'inexpérience dudit Messire Antoine Colbert ne lui avaient peut-être pas permis d'apprécier toute la portée d'une action contre laquelle a voulu réclamer le Marquis de Sourdis, et considérant, en second lieu, que le nom de Colbert ne saurait avoir besoin d'emprunter aucun lustre étranger à lui, pour être noblement honorable et générablement révéré, Nosseigneurs ont verbalement et sommairement ordonné ce qui va résulter du suivant écrit et billet d'honneur que nous avons transcrit, par ordre, au verbal et sur les registres du Siége Général de la Connétablie et Maréchaussée de France, en la galerie de la Tournelle, au palais de Paris, le vingt-sixième jour de mars, en l'année mil sept cent trente-six.

Je soussigné Antoine-Alexandre Colbert de Sourdis, sur le procès que Messire René-Louis d'Escoubleau de Sourdis, Seigneur et Marquis de Sourdis, etc., était sur le point d'intenter contre moi pour cause et à raison du nom de Sourdis que je porte, je reconnais et conviens équitablement que c'est par tolérance de la part dudit Marquis de Sourdis que j'ai porté et que je porte encore ledit nom de Sourdis, dont je ne me reconnais pas le droit de faire usage autrement que de l'aveu de son premier possesseur, moyennant quoi je promets et j'engage ma parole d'honneur à mon dit Sieur Marquis de Sourdis, ainsi qu'à tous les autres membres de sa famille, d'abandonner et quitter ledit nom de Sourdis le jour même où je me marierai, pour ne jamais le reporter dorénavant; ensorte que ni moi ni mes enfants et descendants ne puissent en aucune façon ni porter, ni prendre ou signer ledit nom de Sourdis, en aucun cas, pour quelque cause et sous quelque prétexte que ce puisse être; croyant devoir déroger en faveur de la parenté qui m'unit à la Maison de Sourdis, à tous les droits qui m'appartiendraient en qualité de possesseur de la terre noble de Sourdis, et nonobstant toutes autres choses généralement à ce contraire; ce qui a été également reconnu, promis et attesté par moi soussigné François Colbert, Seigneur de la Principauté de Chabannois, tant pour mon frère aîné que pour moi et mes descendants; déclarant, en outre, nous soumettre réciproquement pour la même clause du présent billet, engagement d'honneur, à la noble juridiction de Nosseigneurs les Maréchaux de France. En foi de quoi nous signons, à Paris, ce 25 mors 1756.

Signé : COLBERT DE SOURDIS.
COLBERT DE CHABANNOIS.

Signé : DE MOLIGNIER.

Et plus bas,

Par M. le P. Lieutenant du Point d'Honneur,
Signé : THUÉDOT,
Greffier de la Connétablie.

LETTRE CLOSE, OU DE CACHET,
POUR LE MARQUIS DE CRÉQUY (1).

Mon Cousin,

En suite de la requête et l'exposé de ma Cousine la Marquise de Créquy, votre mère et tutrice, et relativement au différend qui vient de s'émouvoir entre vous et un autre Gentilhomme françois; comme aussi pour votre refus de comparoir au tribunal de la Connétablie pour vous y soumettre à la décision de mes Cousins les Maréchaux de France, vous aurez à vous rendre à mon château de la Bastille aussitôt la présente reçue, sous peine de désobéissance, et vous resterez là pour y attendre mes ordres ultérieurs, ainsi que je l'ai fait mander au Gouvernement de mon dit château.

La présente n'étant à autre fin, je prie Dieu, mon Cousin, qu'il vous ait en sa bonne grâce.

Écrit à Versailles, le 15 janvier 1753.

(*Signé*)   LOUIS.

(*Et plus bas.*)   Phélippeaux,

(1) A raison de son duel avec le Vicomte de Choiseul, en 1752, il paraît qu'à l'exemple de plusieurs Ducs, M. de Créquy avait argué de sa dignité de *Cousin du Roi*, pour se soustraire à la juridiction des Maréchaux qui régissait le reste de la Noblesse.
(*Note de l'Éditeur.*)

ANCIENS AUTOGRAPHES INÉDITS

ET

PROVENUS DES ARCHIVES DE CRÉQUY.

NOTE DE L'AUTEUR.

Ce qui doit résulter de la lecture des correspondances ou manuscrits originaux, est une sorte de révélation bien plus intime et bien autrement assurée que toutes les observations des historiens modernes et des anciens chroniqueurs. Ainsi, parmi les documens que j'ai fait copier et qui vont suivre, on ne saurait, à mon avis, entendre sans une sorte d'irritation patriotique, et sans éprouver un sentiment de commisération respectueuse, un de ces cris de détresse qui furent poussés par l'infortuné Charles VI, dans les intervalles où sa raison lui laissait entrevoir l'abîme où la trahison d'Isabeau de Bavière avait précipité la France ! La lettre de leur fils au Sire de Créquy manifeste ouvertement le caractère de l'ami d'Agnès Sorel ; on y reconnaît toute sa grâce et sa légèreté, son humeur aventureuse et sa cordialité courtoise ! Il est à croire qu'elle fut écrite pendant l'automne de l'année 1416, époque où le jeune prince, alors Dauphin, trouva moyen de s'échapper de la tour de Loches, où l'avait emprisonné sa marâtre. La lettre suivante, lettre de récrimination contre le brave Dunois, est un document historique de la plus haute curiosité, en ce qu'il nous révèle toutes les difficultés que Jeanne d'Arc avait à surmonter pour obtenir la confiance et la coopération des autres chefs de l'armée de Charles VII. Elle est âprement accentuée, cette lettre; elle est rudement consciencieuse; on voit bien qu'elle est dictée par une villageoise enthousiaste à un pauvre moine; enfin, c'est bien là notre bonne et brave Jeanne d'Arc avant LA FIN DE SA MISSION CELESTE.

DÉFI

DE SIMON DE JOINVILLE,

SIRE DE GEX ET PORTE-ORIFLAMME DE FRANCE,

A PHILIPPE, COMTE DE BOURGOGNE (1).

A Messire Phepippes Comte de Bourgoigne, Symon de Joynville Sire de Jaix, SALUT.

Come voz avez printz guerre o mon Seigneur le Daulfin de Vyenois, à cuy suis je home lige et quy a prins ma suour a femme, il ma requiz que ly aydoye, et sapchiez que ne me pourroye pluz tenir que ne ly aydoye en toutes magnieres que il me vodra comander.

Escript suz l'aultel de l'ecclize de Jaix, le iour de la Feste S. Jehan le Baptist, aprez Vespre, en l'an N. S. J.-C. M.CCC...VI. et ce est Loyz Burchard, mon herauld poursuivant, quy vos faict de par moy signifiance.

---

(1) Ce document, qui provient du chartrier de Créquy, est d'autant plus précieux qu'il etait complètement ignoré des généalogistes, et même du Père Anselme qui n'a pas connu l'existence de la *Dauphine*, sœur de Simon de Joinville.

(*Note de l'Éditeur.*)

LETTRE

DU ROI CHARLES VI,

A TOUS NOS GRANTS BAILLIFS D'ESPÉE, GRANDS PROUOTS, CHASTELLAINS, CONSEILLERS ET AUTRES NOS JUSTICIERS ROYAULX.

« Feals et byen amez,

« Vous baillions signifiance et sapuoir faysons que
« nostre adversoire de Angleterre est descendeu en
« nostre Royaulme à grant puyssance de caualiers, de
« gents d'armes et gents de traict, come aussy de toute
« sorte de instruments, engins et manefices de guerre,
« et a mits le sieje de toute part devant et à l'encontre
« de nostre uille de Harfleur en laquelle est port de
« mer quy est le chief et la clief de nostre pays de Nor-
« mandie, pour empescher ycelle entreprinse de nostre
« aduersoire, et presseruer, guarder et maintenir nos
« dicts royaulme et subjects, auons envoyez en nostre
« ducheez de Normandie, nostre aisnez fils le Daulphin
« de Uyennois, Duc de Guyenne, come lieuxtenant géné-
« ral à toute notre puyssance, uous ordonnant et man-
« dant que faciez de par nous commendement tant par
« crys et publications en touts lieux accoutumez à ce
« fayre en uostres baillages, provostez, chastelainyes ou
« ressort d'yceulx, à touts nobles et autres gents quy
« ont obligation et puyssance de se eulx armer, povr
« que ilz aylent toute à fayre cessant, en leur personne

« et le mieulx accompaignez de gents d'armes que ilz
« pourront, montez et armez suffysamment, par deuers
« nostre dict filz le daulphin, à Rouan ou aylleurs, telle
« part que il sera et le plus hastinement que ilz povront
« veu que grant est le perille, et que la trayson m'em-
« busche à toutes heures en mon propre hostel. Ne vous
« en pluz diroy-je ayant le cuer nasvrez, priant Dieu,
« nos fealz et byen amez, qu'il vous doigne longue uie
« heureuse et nous uoile baillier assiztance, asseurance
« et consollacion de nos dicts subjects.

« Escript à Paris le unzièlme jour de may, l'an du
« S. M. CCCCXV.

« *Signé* : CHARLES,

« *Et plus bas* :

DE LORRIS. »

LETTRE

DU ROI CHARLES VII,

alors Dauphin,

A JEAN V, SIRE DE CRÉQUY

« Beau Cousin, trèz doulz, cher et bien amé, je en-
« voye deuers vouz pour le grant dézir que jay de
« sçauoir vostre estat, et vous prye que par toute voye
« me vouilliez mander nouuelles de vouz, car par Dieu!
« neulle plus grant joye ne me peut aduenir que de en
« oyr! Pour de mon estat, beau cousin, que je sçay que
« vouz en oyrez vollontier, sçavoir vous plaize que par
« la mercy Nostre Seigneur et d'aulcuns de mes loyaulx
« amys, je me suis dez party de là où jestois, sans pren-
« dre congié de mon hoste, le noefvièsme iour de noef-
« vembre, en grant liesse d'esprit et bonne sancté du
« corps, gré N. Seign. quy vouz les voyelles octroyer,
« cher et bonamy! et si ai esté à Paris, et là auons prits
« journée pour XX jours apretz Noël où les troix estat
« generaulx du royaume de France avouz mandez et con-
« uoquez, et pour ce, mon Cousin, que entre touts mes
« amys vous estes de ceulx qui mieulx voudroyent que
« je eusse l'honneur de la dicte journée, vous prie chie-
« rement que vous y voulliez estre si faire ce peut?
« Car certes, sur touts aultres, je vouz dezire y voyr et
« vouz en requiers et prye, sur toutes l'amour, fyance et
« amityé que vous avez pour nouz et la Couronne de
« France. Mais pour Dieu! prenez byen guarde que n'y

« aist neul perils pour vouz, cher et bienamé ! Car trop
« est chastié quy dans autruy est chastié et dans son
« prestieux amy par espécil ! vouz diroy-je ancore que
« plusieurs se mectent en peine de fayre les bons varlets
« et de parlementer pour lacquord avecque l'Angloys et
« soubs semblant de bone amityé pour moy, où j'ay
« neulle fyance, mais ne vouz osay-je escrire plus clere-
« ment par double des chemyns. Je prye Dieu que il
« vouz doigne aultant de bien que je voudroye, il souf-
« firait, par Dieu ! escryt de ma mayn en grant haste et
« byen désirant vouz voyr, estant vostre bon amy et
« par Dieu, bien vostre !

« CHARLE.. »

LETTRE

DE LA PUCELLE D'ORLÉANS

A CHARLES VII.

« Mon redoublez segneur, je me recommande à voz
« bone grâsce et myserricorde aultant et sy semblement
« que fayre je puits. Monseigneur de Dunoys ne m'ha
« vollu baillier les CXX lances pour la tacque de Bilesme,
« de quoy les Angloys auront proufict emmy cettuy pays
« de Perche, de quoy suis-je marrye come tout ! sy, vouz
« priay-je luy en escrirre ou fayre escrirre au pluz brief
« delay, nos gents restant ad laisir et moy de mêsme,
« et attendant lettres de vouz pour le dict Monseigneur
« de Dunoys, et que il face sa charge emprez vos royalz
« et sacrez commandemants, come à desia faict M¹
« seigueur de la Trimouille advant luy, dont sapriez
« comment loz et proufict en sont advenuts pour vouz,
« Sire, et à vostre noble couronne. Cettuy presant mes-
« saigier ha escriptz ycelles lettres soubs ma parolle de
« Jehanne la Pucelle, à Chantraje, le jour apretz la feste
« Monseign. Saint Andriez, quy vous veulle ayder aux
« pretz nostre segneur du Cyel ! Ce ait le fresre Loys de
« Mortaigne, quy vouz an dira plue de bouche. Dieu vouz
« veulle octroyer longue vye et heureuse, havecque les
« couronnes de la terre et du ciel, mon redoublez
« segneur, que Dieu veule absoluer et preseruer en sa
« guarde. »

« ✟ »

LETTRE

DU ROI LOUIS XI,

A RENÉ,

Baron de Preuilly, son ambassadeur a la cour de Bourgogne.

« A nostre amé et feal conseillier, le sire de Preuilly,
« premier baron de Tourrayne.

« Preuilly, je resceu vostre lettre et me semble que
« debveriez pluz diligenter pour les chauses que sont à
« bon terme. Uous dirés ou ferés dire à qui sapués byen,
« come quoy j'ay prists pour pansionesres touts les
« grants d'un aultre pays, à cette fin de fayre seruice au
« dict personnaije, et que il y aye esgard, car il ne peut
« cuyder me fayre porter si grante charge en pure perte
« pour moy. Uous ne me dicte rien de ce cardinal quy
« se donne du bon temps et qui meet si peu de soings
« pour nostre grante besoigne, qu'ont diroist qu'il ne
« s'agist que de fayre de l'eau benicte. Touchant l'autre
« que vous dictes qui me veult fayre bons offices, il se-
« raist temps de le moustrer, car il peut bien cognoistre
« maintenant si je suy capable pour luy faire un grant
« service par deça? Uous ne m'avés rien escriptt tou-
« chant ce petit home que j'avoys prins la picque pour
« luy, pour quoy dicte-luy doncques qu'il face pour
« moy tout ainsy qu'il vouldroit que je face pour luy-
« mesme. Au regart que vous me dictes les maistres

« sont variables, je vous diroy que je ne vous vits ja-
« més faire de la beste et que je ne vous heusse pas
« baillié lez charges qu'avez, si je ne me fyasse en vous
« tout à plein. Soyés seur que je vous donneray à co-
« gnoistre que ne mets pas en oubly les seruices que me
» faictes. Diligentés, Diligentés. Advertissés moy sou-
« vant et bien au long. Ne vous soulciez de rien, sy non
« de mes afayres, et à Dieu séyés.

« Escript au Plesseix du Parc les tours, ce XXX
« jour de julliet.

« LOYS. »

FRAGMENT

DU JOURNAL MANUSCRIT DE MADAME

(Duchesse d'Angoulême et Mère de François Ier).

D'après l'original au cartulaire de Canaples.

> C'est MADAME quy a réduit à mémoire plusieurs choses majestueuses et considérables en sa vie, mesmement le danger quy advient au Roy son Filz, en l'année M.CCCCC.I, auprès de la maison de Saulvaye en la Varenne d'Amboyse.

Je ne doy moy-mesme parler de moy-mesme, et je m'en rapporte à tout ce qu'en a escript Françoys du Moulinet, Abbé de Saint-Maximin. Toutefoix diroy-je que moy, Loyse de Savoye, je feus née au chasteau du Pont d'Ains l'an 1476, l'unziesme de septembre, à cinq heures vingt et quatre minutes après midy.

Françoys par la Grace de Dieu Roy de France et mon cher Filz, print la première expérience de lumière mondaine à Coignac le douziesme jour de septembre 1494, environ dix heures avant midy. Le Duc d'Alençon estoit sorty du cloistre maternel pour commencer mortelle vie, l'an 1489, et le deux septembre mon Filz eut pour

parrain huit mois aprez, Messire François Comte de la
Roche-Foucauld quy lui a baillés son nom baptismal.
Feu Monseigneur et mari aymoit ledit Comte autant que
son frère.

———

Anne, Reyne de France et Duchesse de Bretagne,
estoit née à Nantes le 26 janvier 1476 et la mesme
année de mon Filz. Estant à Bloys le 21 janvier, jour
de Sainte Agnès, elle fust accouchée d'un Dauphin quy
ne pouvoit empescher ni retarder l'exaltation de mon
Cœsar, car il avoyt faulte de vie. En ce moment j'estois
à Bloys en ma chambre, et René Benoist, mon fauconnier, quy m'a toujours servye en brave et loyale per-
severance, me vint donner la serieuse nouvelle d'icelle
mort qu'il avoist sceüe le premier par une chambrière
de la Reyne dont il estoit le gallant.

———

A Montereau, le lundy sept d'aoust 1508, sur les
sept heures du soir, ladite Reyne Anne estoit en grand
péril de mort, car le planchier du pont s'effondit sous
les chevaulx quy la portoient dans sa lictierre, et resta
suspendeue par le deuxième cheval qui se cramponna sur
les ais romputs; ce quy saulva cette bonne princesse
parce que l'aultre cheval avoit rompu ses traicts en
advant pour tomber dans la riviesre ou nageoyt comme
un poisson. On le retreuva sur la berge et la Reyne s'en
servit pour continuer son chemin comme sy de rien
n'estoit, tant elle avoit de force au cœur et le sang
bretton.

———

Le huit de juillet 1514, je cuyday rester a Bloys pour jamais, car le planchier de ma chambre s'ebranlait et alloist s'abismer, et eusse esté en danger extresme n'eust esté ma petite bigotte et le Seigneur de Brucq, lesquels s'en apperceurent les premiers. Je croys que c'es oit signe qu'il falloit que toute la maison de France fust reclinée seur moy, et que par vollonté divine, j'en eusse toute la charge.

———

La Reyne Anne de Bretagne trespassa a Bloys le lundy neuf janvier 1514, et le six d'aoust me feut donné l'estrange nouvelle que le Roy Louys XII, antique et fort débile, alloist espouser la jeune Marie Thudor dite d'Angleterre, laquelle estait fille de Henry VII, le premier roi de sa race et ysseu de simples vassaulx nobles au pays galloys.

———

Le neufviesme jour d'octobre 1514, se firent les amoureuses nopces de Louys XII et de Marie Thudor quy furent espousez à dix heures du matin, et le soir couchèrent ensemble.

———

Au chasteau des Tournelles, à Paris, le premier jour de janvier 1515, une heure advant la minuict, trespassa le bon Roy Louis XII quy fut inhumé le 12 janvier en l'eglize de Saint Denys, avecque un esclat resplandissant bien que funesbre, et de lugubration generalle, estant vrayment père du peuple en bonne intention, si n'étoit en réallité.

Le samedy dernier jour de mars 1515, le Roy, mon filz me vint dire que la Reyne douariesre de France alloit se remarier avec le duc de Suffolch, homme de basse condition que le roy d'Angleterre Henry huitiesme avoit envoyé comme ambassadeur auprès de mon filz, qui n'en pouvoit retenir ses imprécations contreulx. Et ce fut le lundy seiziesme d'après que le duc anglais partit de Paris pour son Angleterre avec la veufve de Louis XII. Aussi, quelle idée que d'aller épouser cette fille de néant pour en mourir six semaynes aprez.

Le 28 de may 1516, le Roy mon filz partit de Lyon à pieds pour faire le pèlérinage de Chamberry et y vénérer le saint Suaire de Nostre Seigneur. S'en revenant de la bataille des Suisses, mon filz me rencontra sur les bords de la Durance, tout auprès de Sisteron en Provence, environ six heures du soir, et Dieu sçait si moy, pauvre mère, feus bien ayse de voyr mon filz sayn et saulf et tout entier, aprets tant de violences qu'avait souffertes et soultenues si fermement.

Le dernier jour de may 1520, mon filz arriva à Ardres, qui s'appelle en latin *Ardea*, et le dit jour le Roy d'Angleterre, second de sa race, arriva à Calez, qui s'appelle en latin *Caletum*, ou *Portus Itius*, selon Cesar, au V. livre de ses Commentaires.

Ce fut le 29 jour de mai 1522, environ deux heures après midy, à Lyon, en la maison de l'Archevesque, que le Hérault d'Angleterre vint deffier mon filz, et après que en tremblant de peur en touts ses membres, il eut déclaré que son maistre estoit devenu nostre ennemy mortel, mon filz lui repondit si fierrement, noblement, froydement, et si bien à point que tous les presens estoient glorieux et néantmoins ébahits de sa clere éloquence.

Le 7 de juing 1520, qui fut le jour de la Feste Dieu, entre six, sept et huit heures après midy, mon filz et le Roi d'Angleterre se virent soubs la tante près Guygnes.

Le 9 jour de juing, mon filz et le roy d'Angleterre se trouvèrent en campagne chascun de 50 hommes, et prindrent leur vin ensemble, environ cinq heures et demie après midy.

Le 17 de juing se print le feu au logis de Monsieur d'Ornat à Ardres, environ dix heures et demie de nuit, qui fut chose assez fascheuse, car nous estions en lieu suspect et inique.

Le 23 de juing, le Légat d'Angleterre chanta la messe en plein camp devant les deux Roys, toute la chappelle fut faitte et tenduë par les Anglais, reservé le pavillon de la chappelle de mon fils qui fut tendu en l'oratoire ; mon filz s'agenouilla à dextre, et print la paix et l'évangile le premier, et les luy servit le jeusne Cardinal de Vendosme.

———

Le 4 de juillet 1515, mon filz allant contre les Suisses partit de Romorantin à sept heures avant midy.

———

Le lundy 30 de juillet 1515, mon filz partit de Lyon pour aller guerroyer contre les Suysses, et autres occupateurs de sa Duché de Milan.

———

En juillet 1519, Charles V de ce nom, fils de Philippes, Archiduc d'Autriche, fut, après que l'Empire eût, par l'espace de cinq mois été vacant, élu Roy des Romains en la ville de Francfort ; pleut à Dieu que l'Empire eût plus longuement vacqué, ou bien que pour jamais on l'eût laissé entre les mains de Jésus-Christ, auquel il appartient naturellement, et non à d'autres.

―――

L'an 1519, Frère François de Paule, des frères Mendicans, cinquième Evangeliste, fut par moi canonizé, à tout le moins j'en payé la taxe.

―――

Le 5 juillet 1521, mon filz étant à Ardilly, à deux lieues de Beaune, à cinq lieues de Dijon et à deux de Seurre, au soir vint nouvelles de Guyenne comment le Seigneur d'Esparault avoit été pris avecques le Seigneur de Tournon, estant à Vespres, et que les affaires se portaient mal par faute d'ordre et de diligente conduite. Pour ce, faulx noter qu'en fait de guerre longues patenostes et oraisons murmuratives ne sont trop bonnes, car c'est marchandise qui ne sert de guères, sinon à gens qui ne sçavent que faire. De Sainte Colombe, je n'en dis mot, car ce volume est trop petit pour comprendre si fascheuse chronique.

―――

Le 17 juillet 1521, a Dijon, des Suisses douze cantons feirent leur proposition et oraison devant mon filz en grande réverence, soy declarans vouloir estre à tout jamais confédérés et alliés avecq la Maison de France

―――

Le 28 d'aoust 1514, je commencé à prédire par celeste prevision que mon filz seroit en grande affaire contre les Suisses ; car ainsy que j'estois apres souper en mon bois à Romorantin, entre sept et huit heures, une terrible impression céleste ayant figure de comete s'apparut au ciel vers Occident, et je feus la première de ma compagnie qui m'en apperçus, mais ce ne fust sans avoir grand peur ; car je m'escriay si haut que ma voix se pouvoit estendre, et ne disois autre chose, sinon hélas ! Suisses ! les Suisses ! les Suisses ! Adonc estoient avec moy mes femmes, et d'hommes n'avoit que Regnault de Refuge, et le pauvre malheureux Rochefort sur son mulet gris, car, aller à pié ne lui estoit possible dez ja.

Le 25 de septembre 1519, mon filz, qui estoit allé à la chasse à la chappelle vendosmoise près Blois, se frappa d'une branche d'arbre dedans les yeux, dont je feus fort ennuyée.

Le 26 septembre 1522, à S. Germain en Laye, Pierre Piefort le jeune, filz de Jean Piefort, contoreul du grenier à sel de Chasteaudun, parent de plusieurs riches personnages de la ville, fut bruslé tout vif, apres que, devant le chasteau de S. Germain, il eut eû la main couppée, pour ce que sacrilcigement il avait prits le *orpus domini*, et la custode qui estoit en la chappelle dudit chasteau, et le derniez jour du mois, mon fils vint à pié, la teste nuë, une torche au poing, depuis Nanterre jusques au dict lieu, pour accompagner la Saincte-hostie, et la faire remettre en son premier lieu ; car le dit Piefort l'avoit laissée en la petite chappelle de Saincte Genevielve, près du bourg de Nanterre. Le Cardinal de Vendosme la rapporta, et lors faisoit beau voir mon fils porter honneur et reverence au Saint Sacrement, que chascun en le regardant se pernoit à pleurer d'amour de liesse et respect pour luy.

Le 14 d'octobre 1513, en venant de vespres de S. Leger de Cognac, je entrai en mon parc, et pres du Dedalus, la poste m'apport nouvelles fort bonnes du camp de mon filz, Lieutenant du Roy Louis XII, en la guerre de Picardie ; sçavoir est, que le Roi des Romains s'en estoit allé de Tournay, et que le Roi d'Angleterre s'affaiblissoit de jour en jour, à fin de s'en aller en l'aultre monde.

Le 17 octobre 1521, au Mont S. Martin, environ neuf heures du matin, mon filz marchant en ordre de bataille, fut requis par son Maistre d'Escole de luy donner l'Evesché de Condom, quy vacquoit, ce que de très-bon cœur il luy octroya, ayant souvenance que devant qu'il fut Roy, à Amboise, en ma presence, il luy avoit promiz un evesché s'il en avoyt la puyssance un jour ou l'autre.

Le 15 octobre 1522, à S. Germain en Laye, je fus fort malade de goutte, et mon filz me veilla toute la nuict bien tendrement.

Le jeudy 15 de décèbre 1515, le Pape Léon X célébra la Sainte Messe en la presence de mon filz, et le vendredy suivant feut tenu consistoire, et alliance confirmée, laquelle depuis a esté afermée et florentinée par le dit Leon, Saint Lieutenant et Vicayre de JESUS-CHRIST.

Ce fust le 10 janvyer 1523, au milieu du camp royal, que voullant bailler au Seigneur de Crequy le collier de l'ordre du Roy, mon filz se despouilla du sien propre et le passant au col d'iceluy Seigneur, qui fleschit sur les genouils et ne se put relever, pour estre mort de son émotion et saisissement en oyant les belles parolles de mon filz.

Le 19 febvrier 1520, se despartit de chez moy le Vi-Comte de Rohan pour aller à Nante, où mon filz tenoit

RECOMMANDATION DONNÉE

PAR FRANÇOIS Ier,

A UN DE SES SERVITEURS, PENDANT SA CAPTIVITÉ A MADRID.

NOUS Roy de France et toujours Duc de Milan, donnons pleine asseurence à touls ceulx quy le present escript voyront de ce que notre féal et amé Daniel Maussion, nous a trez loyaulment et fidellement servy dans sa charge, et qu'au peril mesme de ses jours, il a tasché de nous soubstraire à la captiuité très inique ou la divine providence a voullu nous laysser choyr et laysser languir. Desclarant à touts ceulx de nos fidelles subjects de France ou d'Itallie, quy le pourront secourrir et fayre parvenir aux lieux que nous l'envoyons, que fairont en cella chose trez agréable pour nous, trez utille au bien de nostre royaulme et grandement profittable pour eulx mesmes en la suyte des temps à venir; promettant de les en largement récompenser et leur en gageant notre foy de gentilhomme et sacrée parolle de Roy trez chrestien pour acquitter ycelle promesse royalle au plus tost. Donné en nostre prison d'Espaigne, le XIV de dexembre M.CCCCC.XXV.

FRANÇOYS.

VERS ÉCRITS
PAR DIANE DE POITIERS
POUR HENRI II.

Pièce inédite que nous avons trouvée parmi les papiers de cette belle Duchesse, au château d'Annet, en 1753.

Dix ans passez, qu'Amour un beau matin
Me vint monstrant printannières florettes ;
Là, seprit-il, aornez vostre tein,
Et cedisant, Violiers et Rozettes
Dez ja vermeilles, avecque blanq Muquet,
Me rejectoit à tant que ma corsière
En estait pleine, et mon cœur en pasmoit.
Car sapvez bien que ce doulx primaveire
Estait un bel et cher jouvencellet.....
Sy, tremblottante et destournant mes yeulx,
— Nenny, disoye-je ; — Ah ne serez desceüe,
Reprit Amour, et soudain à ma veüe
Va remonstrant un Laurier merveilleux !
— Mieux vault, luy dis-je estre sage que Reyne :
Ains, me sentiz-je allanguir et troubler,
DIANE faillit, et comprendrez sans peyne
Duquel matin je prétends reparler.

Le Roi Charles IX avait non moins d'esprit que sa sœur Marguerite, et c'était celui des quatre Valois qui avait le plus d'agrément et de vivacité dans l'intelligence et l'élocution. Mon grand-oncle (1) nous a conté qu'en jouant avec l'Amiral de Coligny et s'asseyant sur les genoux de ce vieux hérétique (qui ne pouvait avoir le collier de l'ordre à cause de sa religion), le jeune Roi lui fit passer la tête dans son cordon de St. Michel, en lui disant gaîment et gentiment :

« Quy ne porte Rosaire au col,
« Y mérite avoir un Licol. »

ÉPIGRAMME DU ROI CHARLES IX.

Sur la mort du Marquis de Roubaix.

« Il estoit un piteulx Seigneur,
« Quy certaynement n'ont apprit
« Qu'un homme peust vivre sans cœur
« Et mourir sanz rendre l'esprit.

On a trouvé dans plusieurs manuscrits du temps ce joli quatrain de Charles IX contre l'ambition des Princes Lorrains :

« Nostre père ne faillit princt
« Quand il prédict que ceulx du Guyse
« Mettroyent ses enfants en pourpoinct
« Et touts ses subjects en chemise.

---

(1) Le Grand-Prieur de Tessé. *Voyez* le premier volume des *Souvenirs de Créquy*, pages 75 et suivantes.

La lettre suivante est adressée, par Catherine de Médicis, à la sœur aînée du feu Roi, son mari, Madame Marguerite de France ; mais Samuel Guichnon n'en a cité qu'un fragment dans son histoire généalogique de Savoye.

Cette copie nous est provenue du chartrier des Comtes de Soissons.

A MA SOEUR LA DUCHESSE DE SAUOYE,

Royne de Chypre et Hyerusalem, Princesse de Piedmont, Marquise d'Italie, Vicaire Imperialle et cœtera.

« Madame, ma sœur et cousine, j'ay faict ce que m'a-
« voist demandé le sieur d'Elbene en vostre nom, Ma-
« dame, et quand il en sera nompareillement, vous
« prioi-je de penser que ce ne sera pas faulte de mon
« dezir mais faulte de pouvoyr vouz satisfaisre ; car je
« nay jamez plaisir semblable à celluy de vous contenter
« de moy et de vous fayre continuer à me tenir en votre
« bonne amystié, sy ce n'est en premiesre place à cause
« de ce quavez un mary et un filz, mais du moinds pour
« que neul aultre ne puisse estre advant eulx et moy
« danz vostre cœur, et que la seconde place my soit tout
« jours reseruée, Madame. D'Elbene m'a dict que seriez
« bienayse d'avoir la mesure de mes enfants, et je vous
« l'enuoye de touts ceulx que Dieu ma laissez, hormiz
« la haulteur de ma fille de Lorraine que j'ay adhirée,
« mais des trois quy sont icy et du Roy qui est à Paris
« et quy me la faict bailler depuis sa maladie. Je mets

« icy dedans ces dictes mesures en filz de soyes toutes
« les quattre, et vous voyrez que Dieu les a plus faict
« croistre selon le besoing que suivant laage, et si vouz
« voyez les deux aisnez passer, jouster et chevaulcher
« sans en estre preveneue, les jugeriez plus vieulz qu'ilz
« ne sont de quatre anz, à la force et à la barbe que ilz
« ont. Quand d'Elbene s'en retournera, j'esperre que
« vouz nouz fairez l'amytié de l'entretenir de mes en-
« fants et de moy, come je faits avecque luy de vouz et
« du vostre, que j'ay grante envye de voir chez nous
« avecque vous et les miens. Je prie Dieu que ce soye
« bientôt, Madame, et quil veulle conserver la mère et
« ses enfants en vostre bonne grâce et l'affexion de Mon-
« sieur de Sauoye. Priant aussy nostre Dame avec les
« bienheureulx du Paradix et les sainct anges gardiens
« à fin qu'ilz vouz assistent et vouz facent maintenir
« en toute sorte de bon heur et satisfaxion.

« Vostre bien fidelle et bonne sœur,

« CATERINE. »

A Chaumont, cette vegille de Touts Saints

LETTRE

DE LA REINE MARIE STUART,
ALORS DAUPHINE DE FRANCE,

A BERTRAND LELIÈVRE,
SEIGNEUR DE LADMIRAUT ET CHANCELIER-SÉNÉCHAL DE LA REINE-DAUPHINE.

« Monsieur, la Reine et mon Oncle de Guyse on dict
« à moy qu'il ne me faillait sceller ny bayller lettres
« de créance au S. de Bryon, pourceque la régence
« Descosse en se pourroyt mezcontanter et prendre fas-
« cherye. Le Roy Daulphin, Monsgr, n'est guesres esmeu
« de la nouvelle que us m'avez escritte et va disant,
« come chasqung, que ce vieulx eretic de Maclotte est
« non moins fol que Matheurin. N'ayons doncques plus
« souley de mes affayres Descosse. Monsieur, je vous
« prie fayre espedier fauorablement le jeune Omaden
« quy est un Gentillome de la Reyne ma mère, lequel ie
« uouldroye servir, et ce faysant, us ferez pour moy
« chose trez graticulze. Monsieur, ie prie Dieu et sa
« S. mère pour nous garder et maintenir en satisfaction
« parfaicte, estante à Bloys, le uinseptiesme de juilliet,
« uotre bonne amye trez affectionee.

« MARIE. »

NOTICE HISTORIQUE

SUR LE

BARON DE VESINS.

ANTOINE de Lévezoulx de Luzanson, Chevalier de l'Ordre du Roi, était Baron de Vesins en Rouergue, et le principal Seigneur de sa province. Il avait été successivement Grand Bailli d'Épée, Lieutenant pour le Roi François Ier, Gouverneur et Commandant pour les Rois Henri II, François II, Charles IX et Henry III, dans leurs provinces et pays de Rouergue, de Quercy, d'Albigeois et des Cévennes; Gentilhomme de la Chambre de leurs Majestés, Conseiller en leurs conseil d'en haut et conseil étroit; Capitaine de cent hommes d'armes à palefrois armés de leurs Ordonnances, et Capitaine-général des XIII mille hommes de guerre et de pied de l'arrière-Ban Languedocien. Il était né vers l'année 1522, et il avoit épousé Jeanne de Roquefort-Morlas, Baronne d'Enguerravaques et de Saint-Aignan-le-Franc-Castel, laquelle était d'une branche puînée de la maison royale de Foix. On voit dans les lettres de Réné de Lucinge qu'il ne « s'entreprenoit
« jamais rien, soit à Paris, soit à Bloys, dans le
« conseil d'en haut, sans d'abord que l'on n'eust
« mandé le vieux Baron de Vesins, qu'on faysoit
« survenir de son commandement du Roargue, afyn

« d'en avoir son advis, qu'il ne donnoit jamais que
« mal volontiers, disant qu'il n'estoit nulle autre
« chose qu'homme de guerre, et bien qu'il fust en
« effet un des plus advizez personnages de son temps :
« cas estrange en un Seigneur du pays de Gascogne !
« et plus estrange homme, en vérité, car il estoit
« d'esprit subtil et délié quoique rudement acerbe et
« bouillant, sous sa tocque noyre à l'antique, avec
« un air seigneurial et de franc-voulloir qui sentoit
« parfaitement sa bonne mayson. Comme il estoit
« cruellement impétueux dans sa vindicte et néant-
« moins de générosité merveilleuse et dont on savoit
« mille traicts, feu l'Admiral de Coligny l'appeloit
« le Lion Catholique, et Monsieur le Chancelier de
« l'Hospital me dizoit un jour de lui : C'est un
« homme à moytié de pur or et de fer ardant. »
L'histoire de France n'a pas manqué de recueillir et
et d'enregistrer une anecdote de sa vie. C'étoit à Paris,
pendant les exécutions de la Saint-Barthélemy ; et c'étoit
à l'égard du Baron de Reyniès (Tobie de Pestels de
Caylus). Mais il vaut mieux laisser discourir, sur le vieux
serviteur des Valois, l'honnête et judicieux Mézeray, qui
va réciter cette aventure avec la simplicité de son temps,
la familiarité de son vieux style et sa gravité naïve :
« J'avois presque obmiz d'écrire une des plus géné-
« reuses actions quy se soit jamais faites, et qu'on ne
« sauroit recommander à la posterité avec assez d'hon-
« neur et de louanges. Il y avoit deux gentilshommes
« de Quercy, Vesins, catholique et Lieutenant du Roy
« dans cette province, et Reigniers, huguenot et
« Lieutenant pour les Princes au même endroit : tous

« *deux forts vaillants, mais le premier homme rude,*
« *et furieulx ; le second, plus doulx et plus traitable;*
« *lesquels ayant-faict leur querelle particulière de la*
« *querelle généralle, et s'estant mortellement offensez,*
« *ne cherchoyent qu'une occasion pour se couper la*
« *gorge. Durant la plus grande ardeur du tumulte,*
« *comme on enfonçoit les portes de chez Reigniers* (son
« logis, à Paris, étoit l'ancien hôtel de la Trémoille, rue
« des Bourdonnois), *et comme il se préparoit à recevoir*
« *le coup de la mort, arrive Vesins, que le Roy Charles*
« *envoyoit faire son office en Quercy. Il entre dans la*
« *chambre où estoit Reigniers, avecque deux hommes,*
« *ayant touts les trois la rondasche et l'espée à la main,*
« *les yeux étincellants de colesre et le visage tout*
« *rouge. Reigniers, encore plus effroyé de voir devant*
« *luy son plus cruel et capital ennemy, se prosterne*
« *par terre, implosrant seullement la Misericorde*
« *divine... Mais l'aultre luy commande d'une voix*
« *tonnante qu'il ait à se lever pour le suivre : Rei-*
« *gniers obéit, sans pouvoir se dire à quel genre de*
« *mort il le destinoit. Comme ils arrivoient dans la*
« *rue, Vesins le faict monter sur un beau cheval*
« *qu'un de ses gents tenoist en main, et sortant de*
« *la ville par la porte Sainct Michel, suivy de*
« *quinze aultres, il l'emmène à petites journées à*
« *plus de cent lieues de Paris, jusqu'à un billot qui*
« *étoit à la porte de Reigniers.* » (Un poteau d'armes
en dehors du pont-Levis du château de Reyniès
en Montalbannais. Le Comte de Caylus observe qu'on
avoit conservé soigneusement ce poteau seigneurial,
et qu'il existait encore du vivant de son père.) « *Du*

« rant tout le chemin, il ne luy avoist pas dict une
« seulle parolle; mais s'arrestant à cet endroict,
« il parla ainsy : — Reigniers, mon honneur et la
« bonne opinion que j'ay de ton courage m'ont em-
« pesché de te laisser oster la vie; je ne suis pas
« homme à me venger sy laschement, ni ne veulx
« point donner subject de penser que la crainte que
« j'aurozs eue de toy m'auroyt porté à te faire ou
« laisser assassiner. Maintenant que tu es en liberté,
« tu peux t'en ressentir, et me voilà prest à te satis-
« faire..... A cela, Reigniers repartit : — Je n'en ay
« plus la vollonté ni la force! vostre générosité, quy
« m'a gagné le cœur, m'en a osté le courage. A quoy
« pourrois-je employer la vie que vous m'avez donnée,
« si non qu'à me revancher d'une sy haulte et doulce
« obligation? Assurez-vous, Monsieur, que comme
« elle a esté à vostre discretion pleine et dans vos
« nobles mains huit jours durant, elle sera toujours à
« vostre service. Vous m'avez ammené jusqu'icy,
« mais je suis prest à vous suivre partout où il vous
« plaira me commander..... Disant cecy la larme à
« l'œil, il s'approcha de Vesins pour l'embrasser;
« mais se recullant sans adoulcir son visage, Vesins
« lui dict du même ton : — Il m'est indifférent que
« tu soys encore mon ennemy ou que tu deviennes
« mon amy; tu vas décider à loysir lequel tu voudras
« estre; et sans lui donner le temps de répliquer, il
« piqua des deux et le laissa là, ravy d'étonnement
« et de joye. Reigniers lui renvoya aussitôt son beau
« cheval avec un grand compliment, mais il ne voullut
« pas le reprendre. » Le Prieur de Coulombières ajoute

au récit de Mézeray, que « *le Baron de Vesein respondit qu'il ne voulloit pas recevoir un cheval quy avoist esté monté par un Huguenot*, il dit aussi que *le Roy Henry-le-Grand ne se pouvoist taire ou contraindre en toute occasion sur l'estime qu'il faysoit d'icelluy Baron de Vesein, mais qu'il ne voullut jamais approcher de ce bon prince, ne pouvant s'oster de la pensée qu'il estoit la cause et peut-estre l'autheur de la mort de son frère le Séneschal de Quercy, qu'il aimoist chesrement, et quy fust tué au siége de Cahours, où les antiens de ce temps passé disoient qu'il avoit péri de la main du Roy de Navarre. — J'ay ouy dire aussi que s'estant priz de facherie contre le feu Roy Henry de Valloys, pour un subject quelconque, et celui-cy voulant néanmoins bailler à luy le collier du Sainct-Esprit, à la promotion du* 31 *décembre* 1579, *on luy escrivit de par le Roy pour dresser ses preuves, et qu'il respondit à cecy qu'il n'estoit plus de ce monde, et qu'il n'auroist eu nul besoin de montrer ses papiers de famille aux officiers du grand Roy François* Ier, *ni de son fils Henry deuxième.* » G. du Moulin rapporte que Jean Ebrard, Baron de Saint-Sulpice en Rouergue et chevalier des ordres à la même promotion de 1579, « *n'avoit reçeu le cordon bleu que sur le refuz de son parent et voysin le vieulx ligueur de Vezin, quy s'estoit picqué de ne l'avoir pas eu l'année précédante, à la création dudit ordre.* »

Il étoit mort en l'année 1604. Il avoit eu six enfans, et c'est de son fils aîné, Jean de Lévezoulx VIIe du nom, que les Comtes de Vesins du Rouergue sont issus.

FRAGMENS D'UNE LETTRE AUTOGRAPHE

DE HENRI III,

ROI DE FRANCE ET DE POLOGNE,

AU SUJET

DE LA REINE D'ANGLETERRE, ÉLIZABETH.

——

..... Mon frere et cousin le roy de nauarre a deu vous escrire ou parler au regard de la valette et du sieur de ramefort ; et néanmoins depuis larrivée de ce page, il na rien plus sçu de chasteau daulphin que ne sachions vous et moy. Ne croyez point que cette affaire est le cadet de mes soulcys, et laissez moy vous dire en famillier que cest perdre ses paines et pleumes à mon frere de savoye que de mescrire et vouloir aisgrir contre cette famme dangleterre, laquelle je hayts desia plus que la mort, la tenant et resputant, comme il se doit, pour vraye fille d'enfer, creuelle et sanguynaire aultant que les tyrants payens tiberius et nero : ignoble de race, inexhorrable, impie, folle et superbe hereticque, et dampnée bastarde que dieu veuille tirer de cette terre, ou fait mil maux depuits pluz de trente ans, martyrisant les fidelles chresticns, et respandant le sang royal, avecque celuy de ses galants et aultres, come a plaisir ; en voullant sembler me faire services, elle ajist en trahysou dans mon royaulme et sur touts mes sujects, et jusqua mes plus proches et familliers, tellement que j'en ai le caz de conscience, et par fois je nay peu meriter destre absollu et benit pour mes peschez de cholesre et soif de vendiquation contre cette meschante reyne. Ne manquez je vous prie a bien faire connoistre a nostre sainct pere le pape et a mon frere de savoye en quelle extresmites et tribullation je suis contrainct, et vous laissant a deliberer avec mon chancellier pour le surpluz, je prie, etc.

HENRY.

A blaisy, le 12 mai 1588.

DOCUMENS

La pièce qui va suivre est une étrange mercuriale adressée, par la Reine Douairière, Louise de Vaudémont, à Henry IV, et l'original de cette lettre fait partie de nos archives au château d'Heymont.

« A MON FRÈRE ET COUSIN
LE ROY DE NAUARRE.

« Monsieur, je uienz pour me plaindre à uouz du sieur
« de Rosny vostre lieux tenant, lequel est uenu troubler
« la saincte paix de ma maison de Chenonceaulx, en se
« logeant et malhœuvrant sur ma ditte terre avec ses
« artillierye, gents d'armes et soudards, et comme aussi
« grand nombre de cheuaulz et mulletz, au destrimant
« des bonnes gents du payz, que je vouz prie uous sou-
« uenir, Monsieur, qu'ilz me sont uassaulx resputez et
« tenulz par moi comme enlantz trez affectionnez. Vouz
« disaut aussy que deburiez bien destre pitoyable pour
« eulx en ordonnant au dict S. de Rosny qu'il se des-
« parte de céanz où ses gents font mil rauages, et que
« ne sopiniastre encore d'offancer la Sérénité royale en
« ma personne en se maintenant sur terres de mon
« obéissance, come il ose de le faire. Si uouz faicts-je
« porter par ce mien gentilhomme un libvret qui vouz
« pourroyt, come je pense et le uoudroiz, esclaircir
« l'esprit, et vouz puy dire encore une foix, Monsieur,
« que je prie continuemant nostre Seigneur et sa bé-
« nigne Mère pour vostre conuersion.

« Uostre bonne sœur et cousine,
« LOUYSE. »

« A Monceaulx ce XVIII de feburier. »

BILLET ÉCRIT PAR HENRI IV

A MADEMOISELLE D'ESTRÉES.

(Donné, par le feu Duc d'Estrées, à la Duchesse Marguerite de Lesdiguières.)

Ma mye trez belle et trez aymée, je vous diz ancore au jourdny que ma lettre sera plus heureuse que moy, car elle poura coucher avec vous. Jay forcé deux cerfs et tué je ne says combien dautres bestes, et puys jay pensé voulloyr battre le Martays, en faict d'aultres bestes fascheuse. Je suys pour tout cela recreu de fatigues sans en estre moins triste au cueur pour avoyr esté rudoyé par vouz. Ne prencz point cette habytude, et soufrez moy vous repetter encore une foi, questant Roy et Gascon, j'auraye besoing d'estre un peu flatté. Je vous reviendray mercredy sanz faulte et d'icy là, me respondrez vous un peu, j'espere et désire infiniement.

8. H. 8.

De Fontainebleau ce V octovre.

LETTRE DE HENRY IV

A RENÉ DE FAUCIGNY-LUCINGE,

Baron des Alymes, Ambassadeur et Grand Maitre de Savoye,

Après sa rupture avec le Duc de Savoye, Charles-Emmanuel.

Mon amy, apresent que vous etes deuenu mon suject je vous pourray parler suyuant ma pensée, et la conduyte de monsieur de sauoye a vostre endroit mauroist estrangement esmeruueillé si je nestois un vieil chasseur quy connoys les ruses du regnard, je comprendt que ne soyez neulement esmeu de son desportement et dezplaysir pretendeu sur le fait de la paix quauez signé, tout le monde sachant que uous nauez en ce rencontre agy quaveq son adueu par son exprez comandement, et quaussy, durant toute votre uie, en toute chose de son seruice, il avoist ordinaire de se rengorger de vostre vertu, en vous regraciant pour votre preudence et fidellité. il ne me conuient pas chercher a vous reconforter, sachant que vostre cueur est là, mais je veus puys afirmer quil nen sera pas de vostre nouueau maistre tellement que de lancien-mon amy, entre veritables gentilshommes de la vyelle roche ainsy que vous et moy, il ne sauroist estre parlé dargent pour lessenciel, mais je vous veulx asseurer toutes fois, que sy je pouvoye scavoir quen soyez jamais a dezcouvert et dezpourveu, je vous sauroye bien forcer en ce retranchemant la quy devroist estre le dernier entrenous, vous estant doné a moy come lauez bien voulu faire, je suys et resteray toute ma vie et veritablement, entendez-vous?

Vostre bon amy

HENRY.

Au bois de Vincenne le 14 juillet.

PROCÈS-VERBAL

DES SOMMATIONS FAITES
A RENE DE FAUCIGNY-LUCINGE.

AU NOM DU DUC DE SAVOYE.

—

JE, Herault darmes du tistre de Chablays, envoyez de par TRES HAULT, TRES PUYSSANT ET ROYAL PRINCE, CHARLES EMMANUEL, par la grace de Dieu, DUC DE SAVOYE, ROY DE CHYPRE, HYERUSALEM ET ARMENYE, DUC DE CHABLAYS, DAOUST ET DE GENESVOIS, PRINCE DE PIEDMOND, DACHAYE, DE LA MORÉE, DONEILLE, ET CŒTERA. MARQUIS DITALIE, DE SUZE ET DE SALUCES, COMTE, BARON, ET SOUVERAIN SEIGNEUR DAST, DE GENEVE, DE NYCE, DE TENDE, DE ROYMONT, DE GEX, DE VAUD, DE FOUCIGNY, DE VERCEIL, DE FRIBOURG, ET CŒTERA, ET CŒTERA. PRINCE ET VICAIRE PERPETUEL DU SAINT EMPIRE ROMAIN, ET CŒTERA, ET CŒTERA, ET CŒTERA. Ce Jour dhui quatriesme jour de mars, an lan mil six cent deuxiesme de lincarnation nostre Seigneur, et du regne de mon Seigneur de Savoye le vingt deuxiesme, suis arrivé devant la porte Majeure et le pont du chasteau des Alymes, accompagné de quatre chevaulcheurs, scavoyr deux Escuyers et deux Trompettes, et sur le pont, ayant revestu la thunique darmes aux blazons de son Altesse de Savoye, et tout a cheval, ayent à mes deux costés, dextre et senestre, les deux escuyers, la teste nue, soubtenants les rebords dicelle thunique, et pour lors que les deux trompettes eusrent sonné par trois fois, jai dict a voix haulte et fortement intelligeable,

De par nostre Seigneur le Royal Duc de Savoye, nous venons pour sommer Messire René de Lucinge, Seïgneur Baron de Ceans et aultres Seigneuryes, tant aux pays de Savoye quaux terres de l'Empire et de France, Chevalier de l'Ordre, Conseillier d'Etat, Grand Maistre et Grand Referendayre de son Altesse, aultresfois son Ambassadeur en cour de France, et cœtera, et cœtera; pour quil ait a camparoir le jour unziesme de may prochain pardevant nostre dict Seigneur ou ceulx de son conscil de Savoye, a cette fin dy respondre et rendre rayson sur aulcuns griefs impustez a luy par suffysants tesmoignages, adjoustant que pour deffauct de ce faire il sera poursuivy comme rebelle et ses biens saizis sans aultres advertissement ou monition diceluy Duc nostre Souverain Seigneur, que Dieu guarde a tout jamais!

Et la, sousvrit la porte Majeure et sortit un gentil homme a Messire René de Lucinge, appelé Noble Jehan de la Versollyere, escorté de plusieurs Escuyers, hommes darmes et aultres de la maison, lequel me convya dentrer et ma compagnie, et nous fisrent bonne chere, et nous conduyrent en la grand salle a droicte la deuxiesme cour du chasteau, nous demandant sy desirions aller ouyr le sainct office et adorer le Sacrement en la chapelle, ce a quoy je fis signe de refuls pour la difficultez du comportement, ne me debvant point descouvrir de ma toque et mon chaperon pardevant le Seigneur sommé quy se pouvoist trouver a siege au dict lieu sainct. Apres que nous fust servye collation et nous estre repuis et raffraychiz, sans avoir respondeu aultrement que par signes de teste a ce peu qui nous fust dict par les serviteurs dicelui Seigneur des Alymes, le Maistre de lhostel appellé Noble Antoyne Valleton, personnage de grauité et ciuilité signalée, nous vint querir en compagnye de deux huyssiers vestus de velour noir, avec leurs chaisnes dor au col et portant leurs masses dargent sus les espaules, pour que nous allions pour parler au dict seigneur leur maistre, au lieu quil nous attendoist, et nous trousvasme iceluy Seigneur des Alymes en sa chambre assiz, et là, sans neul salver je fis mon harangue ainsi quil suit :

HAULT ET PUISSANT SEIGNEUR, *celuy qui a faict toutes choses uisibles, inuisibles, celestres et terrestres, celuy quy dispoze le cœur des princes a la gratuité et qui doibs agreer les sujects danz leur soubmission, puysse t il touts jours de pluz en pluz glorifyer son Altesse de Savoye, par laquelle moy, Chablays qui suis son Herault, je suis enuyé ceans pour vous sommer et commander que vous rentryez en son obeyssance et vous rendre emprez sanz aultre delay; pour la vous remettre a la merci de sa justice, en vous sousvenant des biens exquiz et favœurs que vous a faytes, au point que neul aultre en ses estats ne fust plus advant en son amour et pluz hault en lexercice de son auctorité que ne lestiez et pouuez lestre encore. En oultre, vous sommer et commander a moy bailler, pour mon dict Seigneur le Duc, certaines lettres clauses, instructions speciales et aultres instruments de son archiue que vous retennez ou semblez voulloyr debtenir a* lencontre du droict de nostre dict maistre et le vostre, estant son suject tout comme un aultre, sy petit quil puysse estre, et sy noble et puyssant que seyez : aussy de venyr par deuers nostre seigneur, pourceque tel est son voulloir et bon playsir, et notablement de pluz, pour a luy rendre hommage et fayre adveu de foy, services et fidellité pour vos chasteaux et terres du pays de Foucigny que sa dicte Altesse a bien voullu jusques icy vous mesnager et preserver, vous advertyssant quelles terres vous seront saisies et retinez sy vous obstinez contre le dict son mandement xprez. Que parensuyte vous serez et devrez estre poursuyvy par ses justiciers en chastiment et pugnition de rebellion, fraude et deptention deffects royaulx, comme aussi pour injures, oultrages et fezlonye, lequel cas comporte un traictement sy desplorable que je noseroye vous en pluz dire au mesme suject. Vous proposant au nom de mon Seigneur le Duc une lettre de saulve conduicte, patente, et signée de sa main royalle, et scellée de son grand sceel, a fin que vous puyssiez estre, aller, venyr et resister ou vous despartyr en plaine assurance au regard de ses loyaulté, franchises et bonne amytié pour vostre personne et ceulx de votre mayson. Finalement, vous citant et adjournant pour comparoistre en propre personne a Chamberry, par deuant le Noble Conseil de nostre dict Seigneur, pour le unziesme jour du mois prochain de May : le dict ajournement vous estant signifyé par moy, Chablays, soubs licence et permyssion du Baillif de Monseigneur le Tres Chrestien Roy de France et de Nauarre en son pays de Buqeix, lequel a dict a moy ne lempescher pour cause de reuerence envers Nostre Seigneur a vous et moy, le Duc de Savoye, Roy de Chypre, de Hyerusalem et d'Armenye, que Dieu veulle guarder et glorifyer!

Sur ce, fustin continent dict à moy par ledict Seigneur, Maistre Chablays, voyons vos lettres de creance : lesquelle je pris en mon seyn, puis ayant osté mon toquest et mon chaperon pour bayser icelles lettres, et moy venant jusques au prez le siege dudict Seigneur, il les prist, et par aprez y avoyr considerez le seel de savoye, se leua de sa chaire et mist les lettres sur table emprez de luy, puis sestant descouvert le chef, il salva les dictes lettres avec reverence : alors en fist tout hault la lecteure, et lesquelles lettres navoyent rien de contrayre a ce que javoye predict. Ledit seigneur ensuyte osta de son col le collier de lordre de savoye et layant despozé sur la credence au prez, il recouvrist sa teste et se remist a siege et me parla dans les termes cy.

Maistre Chablais, vous direz a Monsieur le Duc de Savoye que jabandone a luy mes terres doultre Rosne sy plaist a luy de sen saizir. il nen sera de beaucoup pluz riche. Jestime a present ne rien avoyr en pays de son obeyssance, et sans faire mez prix de sa seigneurye, je ne veulx ressortir de mes huy que de l'Empereur et du Roy de France. Mon domicile a touts jours esté ceans comme il est assez conneu de vostre maistre et d'un chasquun : mes seigneuryes en ce pays de Bugeix ne relevent que de la Tour du Louure, et je my compte a labry soubs la souverayneté du Roy, a quy jen ai desja fait adveu par acte dhommage au mois de decembre dernier. Sy Son

Altesse de Savoye m'avoist donné des charges et honneurs, cestait peust estre un bon effect du ressentyment quelle avait pour mes services, et peust estre aussy par conscience au regard de la duché de Genesvois qui debvroit appartenyr a ceux de nostre maison : je luy delaysse mes terres de Savoye avecque mes services et ses offices, ainsi partant quitte avec luy. A propos de ses lettres clauses, j'avoye desja faict au Sieur d'Albigny ma response, et c'est à scavoir que sy je veulx presserver ma resputation, il me fault reserver les lettres de Monsieur de Savoye. Au regard du saulve conduit, que vous diroyje ? sinon que de ces trois gentils hommes du pays, qui sont allez par de la sur la foy de leurs saufs conduits, deux ont esté cruellement nasvrez en l'hostel mesme et soubs les yeulx de vostre maistre, et l'autre a esté dezcapité bel et bien pour y avoyr creu. Questce a dire, adjourner au consceil de Savoye un Libre Seigneur de l'Empire et Foydataire de la Couronne de france? A quelle personne cuydez vous parler? Et que faict a moy le Baillif de Bugeix que je pourroye fayre chastier sy jen escrivois au Roy? Il me fault changer de propos pour la reverence que je veux garder a la Souveraine personne de Monsieur de Savoye, et pour estre autant que je le suis en l'honneur de sa parenté. Sy quelque aultre nouvelle poursuyte a lieu de son costé, jen sauray faire ma plainte au Saint Consceil de l'Empire, et vous direz par super abundance a vostre maistre que jay saulve garde de l'Empereur, quy est le seigneur souverain de mon dict Sieur de Savoye. Dieu le conserve et vous conduyse.

Par aprez le dict Seigneur me donna la presente lettre, suscripte comme il se void POUR MESSIEURS DU NOBLE CONSEIL DE SAVOYE, laquelle estoit desja comme de present clause et scellée dun seel armoyrié, ou jay trez bien recouneu les blazons, gardes, cymier, deuise et cry du dict seigneur. Nous despartis et reconduits avec grand honneur et courtoisie comme a larriuée, par grand nombre de gentilshommes et servyteurs de lhostel, le Sieur de Valleton me bailla un gant senestre du Seigneur son Maistre remply descus dor, nous ayant dict le Sieur de Valleton que telle avoist tousjours esté la coustume en la souveraine maison de Foucigny (et mestant doubté que le gant senestre, et non pas dextre, estoit en signiflance de fascherye contre le maistre de lenuoyé, chose a noter icy pour le profict et maintient de la noble science heraldicque, et qui ne mestoit apparue danz neul ancyen escript, ou par aultre document heraldicque jusques ce jurdhuy). Estant parvenus sur le pont, on treuvasmes les chevaulx, et les aultres de ma compagnie ayant beu, comme on dict, le coup de lestrier, avec les gens dEntre, a grande amytié, preuenance et conuiuialité dicculx, il fust delayssé trez noblement aux deux Escuyers et deux Trompettes quatre haults gobelets dargent ouvragez des armes de Lucinge, en lesquels ils avoyent faict rayson, sans quil se fust esmeu de porter aulcunes aultres sanctez que celles de lEmpereur et du Roy Très Chrétien, comme il se conucnoist veu la discordance entres nos seigneurs relatifs, et par aprez, nous ayant cryé LARGESSE, et le Cry de Savoye, ceux du chasteau cryerent BONNES NOUVELLES A LA BONNE VILLE, qui est le Cry des Comtes de Lucinge et mesmement des ancyens Princes de Foucigny suyvant plusieurs. A la fin nous despartimes des terres de France, et parvenus a cettuy lieu de Saincte Catheryne aux terres de Savoye, jay escript ce verbal le VII de mars MICCII, me recordant des obligation du chrestien, devoyr de suject et foy du serment de mon noble office, pour dire, escrire et tesmoigner la verité en iceluy verbal, que jay scellé de mes armes et signé de mes noms et titre doffice, les jour et an que dessus et au mesme lieu quil est predict par moy soubsigné,

JEHAN DU PUY GEOFFROY dict CHABLAYS.

La conservation de cette pièce a eu pour objet de nous montrer, au moyen du protocole, quelle était anciennement la supériorité du rang qui appartenait à la haute noblesse, même à l'égard des enfans de France.

(*Note de l'Auteur.*)

FORMULE D'UN COMPLIMENT OFFICIEL

ADRESSÉ

PAR LA CONNÉTABLE DE LUYNES,

A GASTON DE FRANCE,

FRÈRE DE LOUIS XIII ET DUC D'ORLÉANS

Monsieur, ne doubtez point, s'il vous plaist, que je ne me conjouysse aveq vouz bien volontiez pour la nayssance de Mademoiselle vostre fille, à quy je souhaitte une aussy prosperre et aussy longue vye que luy peuvent desirer ses plus prosches et plus affectionnés parents. En vous regraciant pour la part que vous m'en avez bien voullu donner, je vous en faits mon compliment très sincerre, et vous prie me voulloir tenir pour estre avec la mesme sincerrité, Monsieur,

Votre respectueuse et affectionnée servante,

M. DE ROHAN, CONNESTABLE.

Au Chasteaudun ce 20 d'aoust 1623.

www.ingramcontent.com/pod-product-compliance
Lightning Source LLC
Chambersburg PA
CBHW061956180426
43198CB00036B/1268